人生は、燦燦と

校長室だより100選

高澤正男
TAKASAWA Masao

文芸社

まえがき

　その当時、高校に勤務していた。11月上旬に、創立百周年記念式典という一大行事が無事に終了した。そこで、ふと考えた。さて、何をしようか。何かをしたくなってきた。自分に何ができるだろうか。教員生活を振り返ると、学級通信などでよく文章を書いてきた。書くことは考えることである。書くことで思考が進む。

　よし、とりあえず書き始めてみるか。というわけで、令和1年（2019年）11月11日に「校長室だより〜燦燦〜」はスタートした。1の数字が5つも並ぶという特別な日に始めることができた。半ば、見切り発車のようなものだった。ところが、書きたいこと、考えたいことが次から次へと出てくる。書きたいことがたまっていく。結局、毎日出すようになった。原稿は、高校のホームページにアップするようにした。したがって、不特定多数の方が読者である。

　毎日、書いていると、ふとしたときに文章が浮かんできてしまう。一番困るのは、夜寝る前である。今日も眠りにつこうかというときに文章が出てくる。そのたびに、忘れないようにとスマホに記録しておく。そんな生活がずっと続いた。

　約5年もの間、毎日のようにエッセイを書き続けた。計画性があったわけではない。その日そのときに考えたことを書き綴った。統一性もない。ただ、何かに引っ張られるように、

誰かに押されるように、日課の一つとして、ルーティンとして書き続けた。
　本書は、「校長室だより〜燦燦〜」と題して、2019年（令和元年）11月から2024年（令和6年）3月まで、勤務校のホームページにアップしたエッセイ1000編から厳選し、加筆・修正を行って1冊に編んだものである。各エッセイの最後にある番号は、ホームページへの発表順、タイトルは発表時のものである。
　1000編の中から選び抜いた100編を、10のジャンルに分け、読みやすくしたつもりである。読者の皆様に、少しでもよりよい読後感が残ることを願うばかりである。

2024年（令和6年）4月
　　　桜咲く穏やかな春の日に書斎にて　　　高澤正男

目 次

まえがき　3

教育に学ぶ

◇厚みのない学級通信　12
◇学級王国のガキ大将　15
◇最初のメッセージ　17
◇修学旅行に必要なもの　20
◇最後の卒業式　22
◇黄金の3日間　24
◇仲良し時間　26
◇誰一人取り残さない授業　28
◇学習カルテ　30
◇役者になる　32

生徒に学ぶ

◇ドラマがある合唱コンクール　35
◇縁のある双子の兄弟　37
◇あいさつ大賞　39
◇かすり傷　41
◇全校群読　43
◇主人公がいる授業　46

◇ご勇退　48
◇海のいのち　51
◇人の心　53
◇ローマ日本人学校　55

生き方に学ぶ

◇コッペパンと校長先生　58
◇泣ける肉まん　60
◇10回目の挨拶状　62
◇金木犀の香る日　65
◇ほうきさばき　67
◇たらの芽と家庭訪問　69
◇感謝して　幕を引きます　昭和の灯　71
◇熱心な愛読者　72
◇教育実習生との縁　74
◇中学校に架かる虹　77

スポーツに学ぶ

◇魔法の言葉　80
◇中止となった高校総体　82
◇自分をつくってくれたソフトテニス　85
◇手紙　88
◇指導者の人間性　90

◇差し入れ　93
◇高校生の成長曲線　95
◇高澤組　97
◇高澤組その２　100
◇人を育てる聖光学院高校野球部　102

本に学ぶ

◇私を形作った読書　105
◇困難は分割せよ　107
◇伊集院静　109
◇併読のすすめ　113
◇ときには漫画も　116
◇教学半　119
◇ヘミングウェイ　121
◇うさぎとかめ　123
◇夏目漱石『こころ』　125
◇追悼　127

言葉に学ぶ

◇心のスタミナ　130
◇必死の二年　132
◇人間徳　134
◇いくつだっけ？　137

◇コツコツ　139
◇無理がきく間は……　141
◇杖ことば　144
◇どん底に落ちたら、掘れ　146
◇請求書の人生、領収書の人生　148
◇ナイスエイジング　150

有事に学ぶ

◇コロナ禍の門出に　152
◇伝承すべきエピソード　154
◇凧あげの記憶　157
◇忘れてはいけない日　159
◇こだわりの珈琲店　161

日々に学ぶ

◇ささやかな親孝行　164
◇スタバでの新鮮な光景　166
◇接客ロボット　168
◇見つからない車　170
◇愛車、もうすぐ月に到着　172
◇店主の仕事ぶり　176
◇マフラー　178
◇人間ドック　180

◇逸品というもの　　182
◇押し間違えている場合じゃない　　184
◇閉店余情　　186
◇コンビニ店員、三者三様　　189
◇黒革の手袋　　191
◇露天風呂　　193
◇サイン　　195

自然に学ぶ

◇両親の梨づくり　　197
◇足温器のぬくもり　　199
◇雪うさぎ　　201
◇桜めぐり　　203
◇花咲山　　205
◇紅い山　　208
◇尾瀬の絵　　210
◇本当の幸せ　　212
◇吾妻おろし　　214
◇春がくる、待望の春が　　216

過去に学ぶ

◇梁川の千羽鶴　　219
◇パンキョーを学ぶ理由　　221

◇チキンライス　224
◇学生食堂　226
◇カニピラフ　228
◇自転車隊による遠征　231
◇国語科の先生なのに　233
◇父親の気持ち　235
◇スキーとの不思議な縁　237
◇本当の教育にふれた奥会津　240

番外編　園長通信より

◇ローマ日本人幼稚園　243
◇日本通り　245
◇自分探し　247
◇積み木　249
◇シチリア事件　251
◇伸びる人　253
◇蓑を着る　256
◇アイスコーヒー　258

あとがき　260

人生は、燦燦と
校長室だより100選

教育に学ぶ

◇厚みのない学級通信

　教員になり、「学級通信」を出したことがある方は多いことと思う。私の場合は、初任の小学校勤務1年目から出していた。とはいえ、1年目は悪戦苦闘し、年間で20号くらいしか出せなかった。とりあえず出している、まわりの先生方が出しているから仕方なくという状態で中身も恥ずかしいかぎりだった。それでも、4月の1週目に第1号を出し、その後、夏号、秋号、冬号で終わる友人よりはましかと思ったものだった。

　何となく教員1年目が終了し、2年目を迎えるにあたり、さすがの私も「これではいかん」という思いにかられ、ようやく本気になった。教科指導も大切だが、まずは学級経営ということで、その柱に学級通信を据えることにした。

　何とか週に1回の発行が軌道に乗り、中身もそれなりに伴ってきた10月頃、教頭先生に呼ばれた。
「高澤先生、論文でも書いてみっか。学級経営で。学級通信がんばっているようだからな」
　私は、論文と言われて、ざわっとした。大学4年の1月まで苦しめられた卒業論文の悪夢が蘇ってきたのである。あの

頃の私は、教育論文というものを知らず、とりあえず「はい、わかりました」と答えるしかなかった。

　教頭先生の指導は、何もわからない私に対して、端的、的確、わかりやすいものだった。最初はよかったのだが、こちらも学期末を迎え時間に余裕がなくなり、論文の半ばを過ぎる頃になると、眠いし、やりたくないという思いが出てきた。しかし、やらないわけにもいかず、とりあえず教頭先生におそるおそる下書き原稿を出すだけは出すという時期もあった。そんなときの教頭先生は「高澤先生、何だか文章が疲れているなあ」という言葉をかけてくださるのである。決して怒ったりはしなかった。手を抜いている私は、ただただ申し訳ない気持ちだった。

　冬休みが終わり、論文の提出日が近づいてきた。ようやく完成し、提出し終えたときの解放感といったら。その一方で、充実感や満足感はなかった。表紙はりっぱでも、中身がないことは自分が一番よくわかっていた。教頭先生の期待に応えることはできなかったが、とりあえず教頭先生への義理は果たせた。教頭先生との３か月間のおかげで、教育論文の書き方を知り、学級通信も何とか50号に到達することができた。

　その後、憧れであった学級通信の製本に取りかかる。だが、如何せん50号では薄い。厚みが足りない。それでも印刷会社にお願いして、背表紙に文字を入れてもらった。

〈平成元年度　学級通信『かがやき』４年２組　玉川第一小学校〉

本気で教員になろうとした2年目が終わり、学級担任だけでなく学年主任として教員3年目をスタートさせた4月のある日、教頭先生に呼ばれた。
「高澤先生、今年も論文書くぞ。研究というのはな、継続研究が大切なんだ」
　心の中では「えっ」と一瞬戸惑った。しかし、そこには、すぐに「わかりました。今年もよろしくお願いします」と力強く答えている自分がいた。
　振り返ると、あの2年間にわたる論文作成は、自分のためにがんばったのではなく、いつの間にか、お世話になった教頭先生のためにがんばったのだと気づかされる。教頭先生の期待に応えなければならない、教頭先生を裏切るようなことはできない、そういった思いが強かったように思う。
　あの頃は、ただただ必死だった。いつでも一言、教頭先生に「教頭先生、もうだめです」と言うことはできたかもしれない。だが、その後もそうだが、教員になってから、社会人となってから、一度も「できません」とか「いやです」と言ったことはない。心の中は別として、いつでも「はい、わかりました」「はい、やります」と答えている。だいぶ後になってから「頼まれごとは試されごと」という言葉と出合った。
　結局、私の教員人生は、あのときの教頭先生に"方向付け"をしてもらったことになる。私にとっては、あのときの経験が大きい。自分が教頭や校長になり、やるべきことの一つに"人材育成"がある。だが、実際には、さっぱりうまくいかない。いつの間にか、あのときの教頭先生と同じような

年齢になった。しかし、いまだにあのときお世話になった恩人ともいうべき教頭先生を越えられずにいる。

　　　　　校長室だよりNo.182「学級通信」（2020.9.1）
　　　　　No.183「学級通信その２」（2020.9.2）

◇学級王国のガキ大将

　もう30年も前の話になる。私は玉川村にある玉川村立玉川第一小学校に新採用教員として赴任した。そして小学３年生の担任となった。大学時代の教育実習でも小学３年生の配属となり、６週間過ごした経験があった。そのため、自分なりのイメージは持っていた。

　だが、私のイメージは打ち砕かれた。子どもたちは、明るく活発で、エネルギッシュかつパワフルであった。最初は、さすがは"ギャングエイジ"などと思っていた。しかし、どうもそれだけではないような気がしてきた。やっぱり自分には指導力がないせいかと考えるようになった。

　では、40代の学年主任が担任する隣の学級はというと、私の学級よりは多少ましだが、さほど変わらないように思えた。１学期も終わりに近づき夏休みに入るという頃に、学年主任に「やっぱり初任の先生のクラスはだめね」というようなことを言われた。そのときの私は、肯定も否定も反論もしなかった。軽く受け流すという感じでやりすごした。特段頭にもこなかった。言われたことは事実だった。

その頃の私は、指導力も経験もないため、とにかく、休み時間、昼休み、放課後と子どもたちと遊んだ。毎日ヘトヘトになりながら遊んだ。２校時目と３校時目の間の休み時間には、用務員のおばさんが、お茶やコーヒーを淹れてくれていた。他の先生方は、職員室でお茶を飲みながら休息していた。私が職員室に戻ると、私の机にはポツンとコーヒーカップが置いてあった。私は冷めかかったコーヒーを一気に飲み干し、３校時目の授業へと向かうのだった。

　子どもたちと遊んでいると、子どもたちの力関係がわかる。誰がガキ大将なのか。学級委員長とは別の実質的なリーダーは誰なのか。いじめられている子はいるのか。休み時間になると、授業とは違った子どもたちの顔を見ることができる。それだけに、子どもたちと一緒に遊ぶことは重要であり、気づかされることも多い。

　１学期のある日、校長先生に「高澤先生、ちょっと」と呼ばれた。今までこんなことはなかった。何かしたか？　短時間のうちに、いろいろなことが頭の中を駆け巡った。緊張しながら校長室に入ると、「地域の方から電話がきた」との話だった。その頃、私は学校のすぐそばの教員住宅に住んでいた。普段から村に住む者として、何かと気をつけてはいた。思い当たることはなかった。

　すると、「小学校に元気にあいさつしてくれる若い先生がいる」とのことだった。小学３年生は授業で校外に出ることがたびたびあった。私は意識して地域の方に、こちらからあいさつをするようにしていた。畑や田んぼで作業している

方にも、多少距離があっても、「こんにちは」と大きな声であいさつをするようにしていた。今の私にでもできることの一つに、あいさつがあった。どうやら、感心していい意味での電話をくれたようである。私があいさつをしていたのは、子どもたちへの教育という意味合いもあった。私が元気にあいさつをすると、子どもたちも真似して元気よくあいさつをするのである。

　結局、遊ぶこととあいさつしかやってこなかった私だが、2学期が終わる頃に、また隣の学年主任に言われた。
「2学期は逆転しちゃったようね。私のクラスの方がだめね」
　2学期の途中の10月頃から、私の学級は落ち着き始めた。一方、隣の学年主任の学級は、一向に落ち着く気配がなかった。さすがの学年主任も悩んでいるのがわかった。
　改めて振り返ってみると、あの頃の私は学級担任というよりは、自分が"ガキ大将"だったのである。ガキ大将には、子どもたちはついてくる。教育用語を使うと、いわゆる「学級王国」だったのである。

　　　　校長室だよりNo.237「新採用教員」（2020.11.20）

◇最初のメッセージ

　1月も下旬となると、次年度、令和4年度の教育活動の全体像が見えてくる。スタートは、4月6日である。学級担任

ともなれば、生徒に向けて最初にどんなことを言おうかと考える。これが、最初のメッセージとなると思いきや実はそうではない。

多くの先生方は、生徒が登校してくる前に、前日のうちに、黒板にメッセージを書いている。私も、学級担任をしている頃は書いていた。これが難しい。いや私には難しかった。簡単に言えば、センスがないのである。

ふと思い立って、他の教室の"偵察"に行ったことがある。見なければよかった。そこには、短いながらも温かなメッセージや思いのつまったものなどがあった。詩の一節や名言もあった。色チョークで鮮やかなイラストや絵を描く先生もおられた。

どの教室も、担任のやる気と愛情が溢れていた。私の場合はというと、どうも気の利いたフレーズが出てこない。それでも何かしらは書いていた。教室の掲示板は、ほころびや汚れが目立たないように、一面に色模造紙を貼った。そんなことしかできなかった。

自分には自分のやり方がある。学級通信の第1号を、一人一人の机の上に、丁寧に置いていく。学級通信の紙面のほうがメッセージを書きやすい。そう考えた。生徒たちとの最初の出会いである。生徒たちは、どんな思いで黒板や学級通信のメッセージを読むのだろうか。そこには、期待しかないだろう。その大きな期待に応えなければならない。いつも、そんなことを考えていた。

私の経験から、偵察はよい。勉強になる。刺激になる。4

月6日に限らず、各教室の掲示物を見にいったりするとよい。教室の後ろのロッカーの使い方を見るのもよい。教室ごとに、入ったときの印象が違う。教室の空気に違いがある。

　黒板の端の方に、マグネットでいろいろと貼ってある教室がある。貼れば貼るほど、授業で使えるスペースは狭くなる。そもそも生徒は、思った以上に黒板の掲示物を見てはいない。人は見ようとしないものは見えないのである。

　黒板は、最大限、授業者に使ってもらったほうがよい。極論を言えば、黒板には、全面何もないのがよい。実際には、黒板の右端に、縦書きで日付と日直の氏名が書かれてある。あれは、なぜ縦書きなのだろうか。長年の慣習というものだろうか。確かに格好はつく。

　窓や扉、壁にまで掲示物を貼ってある教室がある。やりすぎである。貼ればいいというものでもない。生徒が落ち着いて生活でき、活動しやすく、集中して力を発揮できるような配慮を第一に考えるべきである。

　こう考えると、教室設計も、生徒へのメッセージなのかもしれない。まだまだ先ではあるが、4月5日の夜に、各教室の偵察に行くことを今から楽しみにしている。担任の先生方のカラーが一番出やすいときである。そんな瞬間を逃してはいけない。

　　校長室だよりNo.494「最初のメッセージ」（2022.1.26）

◇修学旅行に必要なもの

　修学旅行とは、中学生にとって特別なものである。中学校生活最大の思い出になりうる存在である。コロナ禍も３年目となった。この間に、改めて修学旅行について考えることができた。今まで当たり前に実施してきたものを振り返り、その意義や価値を考えるようになった。

　昨年度は、検討に検討を重ねて、従来行ってきた形での修学旅行を断念し、那須ハイランドパークに日帰りで行ってきた。こちらとしては、それを修学旅行と呼んでいた。だが、生徒と保護者の中には、それは修学旅行ではないと認識していた方もいらしたことだろう。修学旅行がなくなった。修学旅行には行っていない。そんな結論である。

　気づかされたことがある。修学旅行には３つの要素が必要である。「泊まる」「県外に出る」「アトラクションがある」の３つである。他に加えるとしたら「フィールドワーク」だろうか。

　泊まることは絶対条件である。修学旅行に限らず、運動部の大会でも家族旅行でも、宿泊するかしないかは大きい。福島県から出ることも重要である。気分が違う。できれば南に行きたい。東北エリアから出るのである。アトラクションも必要である。東京ディズニーランド、ディズニーシー、富士急ハイランド、ユニバーサル・スタジオ・ジャパンなどである。そして、フィールドワークである。友達と自由に歩きたいのである。ドキドキしながら電車に乗ったり、ご飯を食べ

る場所で迷ったりしながらワイワイと行動したい。

　修学旅行にもトレンドというか、流行のようなものがある。体験型プログラムがその例である。職場体験のようなものもある。こちらのねらいや要望は伝えるが、専門のプロである旅行会社がプログラムを組んでくれる。

　コロナ禍を契機に、従来当たり前のようにやってきたことの見直しが進んでいる。デジタル化も進んでいる。働き方改革も進めなければならない。その結果、修学旅行がなくなることはあるだろうか。学校行事から消えるだろうか。入学式、卒業式、そして修学旅行は残っていくだろう。それだけの意義を見出すことができる。学校行事は、学校生活に潤いと変化をもたらす。刺激もある。見直しや精選は必要だが、大事なものは残していきたい。

　昔のことだが、3年生の担任として修学旅行に行ったことがある。人数が多かったせいもあるが、今思うと、あまりにも意識が高すぎたように思う。生徒の命を預かっていること、無事に何事もなく帰ってくること、問題が起きないようにすること、あらゆる方面にアンテナを立てていた。それなりの覚悟がないと、とても引率などできない状況だった。福島駅西口での集合時から意識は最高レベルだった。生徒もエネルギーがあり、パワフルだった。気を張り詰めた3日間が今となっては懐かしい。

　　　　校長室だよりNo.599「修学旅行」（2022.8.5）

◇最後の卒業式

　まだ入学式も終わっていないのに、卒業式の話である。約1か月前になる。3月1日に、県立高等学校の卒業式があった。この日が最後の卒業式となった学校がいくつかある。私が勤務した梁川(やながわ)高校もその一つである。

　3月1日16時25分に、野田中学校の会議が終わった。職員室から校長室に行こうとしたところ、ある人物が階段を上がってきた。その人を認識した途端に涙が浮かんできた。梁川高校第3学年主任のN先生である。

　N先生の話によるとこうだった。

　前の日の2月28日の16時半頃に野田中学校に電話をした。男性が出てくれた。N先生は事務の先生だと思って話していた。

「梁川高校のNといいますが、申し訳ありません。実は、明日が卒業式で、終わった後に高澤校長先生にお会いしたいんです。それもサプライズにしたいんです」

　すると、N先生が事務の先生だと思っていた教務主任のH先生は、すべてを察したように「わかりました。明日は会議があって16時半ぐらいには終わると思います。駐車場でお待たせするのも申し訳ないので、会議が終わりましたら携帯に連絡しますので」と答えた。

　道理で、H先生がN先生と一緒に階段を上がってきたわけである。以前からの知り合いなのかと思ってしまった。この話をN先生から聞いて、教務主任のH先生の粋な計らい

に泣けてきた。

　梁川高校勤務最後の年に、
「今年の１年生が、梁川高校の最後の卒業生になります。その生徒たちの学年主任をぜひあなたにお願いします」
　そう言って最後の卒業生を託したのが、Ｎ先生である。私は、入学式で、最後の卒業生となった生徒たちの入学を許可したが、卒業を見届けることはできなかった。

　そのＮ先生が、「卒業式が終わりました」と休みをとって私に会いに来てくれたのである。Ｎ先生には、「あなたからの電話をＨ先生がとってくれたことも縁だね」と話した。まさか教務主任の先生だとは思っていなかったようである。

　Ｎ先生は、一人一人の生徒の話をしてくれた。一気に記憶が蘇った。生徒の顔が浮かんできた。誰一人欠けることなく、全員の進学や就職などの進路も決まり、立派に卒業させてくれたのである。これは、普通のことのように思えるが、そう簡単なことではない。Ｎ先生をはじめ梁川高校の先生方の努力があってこその結果である。

　梁川高校の校長室では、よくＮ先生といろいろな話をした。ときには一緒に涙した。Ｎ先生は、教育愛に溢れた方である。梁川高校の最後の卒業生たちには、Ｎ先生の思いや心が伝わっているはずである。

　教育はやっぱり愛である。人の心が教育をつくる。Ｎ先生とＨ先生のおかげで、３月１日に、改めてその思いを強くすることができた。昨日４月３日の第１回職員会議において、「学校経営三か条」の一つめを「教育は人の心が決める」と

した。

校長室だよりNo.730「最後の卒業式」(2023.4.4)

◇黄金の3日間

「黄金の3日間」という言葉がある。学級開きに関わることである。誰が学級担任をしても、黄金の3日間になるわけではない。あらゆる努力や工夫をして、子どもたちにとっての黄金にしなければならない。

最初の3日間は、圧倒的に教員側にアドバンテージがある。子どもたちは、今度の先生はいったいどんな先生だろうと、大きな期待をしながら言うことを聞いてくれる。教員がやりたいことをやることができる期間である。

ところが、この最初の3日間を何の工夫もなく、当たり前に過ごしてしまうと、後で大変なことになる。子どもたちの期待や希望は、あっという間に失望に変わる。それでも4月は何とかなるかもしれない。スタートダッシュに失敗したとしても、4月中に挽回できればいいのだが、実際に挽回している教員を見たことがない。すなわち最初が全てなのである。最初で決まる。

これは、授業も同じである。中学校でいえば、「黄金の3時間」である。各教科の最初の3時間の授業が重要である。生徒たちは、新しい教科担任に期待しながらも、厳しく評価を下す。それでも、4月中くらいは、期待感を失わずにやっ

てくれるかもしれない。まだ、アドバンテージがある状態である。それも、5月の連休明けまでである。そこから、挽回していけばいいのだが、あまりそういう先生はいない。

　1時間の授業も同じである。最初の導入で決まる。途中からよくなる授業など、ほとんど見ない。すばらしい授業には、見事な導入がつきものである。最初が違うのである。それだけに、授業は導入がむずかしい。

　今日は、「黄金の3日間」の3日目にあたる。子どもたちは、どんな思いで学校に来てくれたのだろうか。明日も学校に来ることを楽しみにしているだろうか。早くも期待感は失望感に変わりつつあるのだろうか。

　最初の3日間で、打ち上げ花火を連発してもわるくはないが、花火はいずれ続かなくなる。それよりも、自分の持ち味を出し、楽しく、笑顔で、子どもたちと接することである。そして、大事なことは、話し方である。教員は話すことを生業としているが、そのことを意識している人は決して多くはない。特に、中学校の先生は、話し方に対して無頓着すぎる。生徒が聞いてくれるのが当たり前だと思っている。少しは、生徒の身になって考えたほうがよい。

「黄金の3日間」にできるかどうかは、子どもたちをどうしたいか、子どもたちにどうなってほしいかという思いの強さにかかっているように思う。中学校の授業でいえば、どんな授業にしたいか、どんな生徒を育てたいかということになる。これがないと、せっかくの3日間が、黄金には輝かなくなる。

　我が身を振り返る。教員1年目の初任者のとき、何もなか

った。そこからスタートして、経験を重ねるごとに、だんだんと自分の思いというものができてきたように思う。「黄金の３時間」という言葉に出合ってからは、学級開きや授業開きをさらに意識するようになった。本日までの３日間が、子どもたちにとっても先生方にとっても黄金のように光り輝くことを願っている。

　　　　　校長室だよりNo.733「黄金の３日間」（2023.4.10）

◇仲良し時間

　小学校の国語の教科書に、昔からずっと『ごんぎつね』（新美南吉作）という作品が載っている。日本の小学生が必ず学習する教材である。その『ごんぎつね』の最後は、裏口からこっそり家の中に入ったごんが兵十に見つかり、火縄銃で撃たれてしまう場面である。

　そして、足音をしのばせて近よって、今、戸口を出ようとするごんを、ドンとうちました。
　ごんは、ばたりとたおれました。
　兵十はかけよってきました。うちの中を見ると、土間にくりが固めて置いてあるのが、目につきました。
「おや。」
　と、兵十はびっくりして、ごんに目を落としました。
「ごん、おまいだったのか、いつも、くりをくれたのは。」

> ごんは、ぐったりと目をつぶったまま、うなずきました。

　悲しい結末であるが、兵十はようやくごんの真心に気づき、和解することができた。この物語を通して、兵十とごんが伝えてくれているのは、完全な善人でいることができない人間が、その弱さや誤解、葛藤などを乗り越えて、相手を思いやる力を発揮していく素晴らしさだろうか。

　ごんは自分に銃を向けた兵十に対して恨みを抱くことはなかった。兵十には、ごんを殺してしまったことへの後悔の思いが続いたことであろう。しかし、そこで生まれた友情は兵十の心の種火となって、その後の生きていく力になったに違いない。

　人生を締め括るにあたっての死者と生者のかけがえのない和解のひと時、これを「仲良し時間」と呼ぶ人がいる。私たち人間は、死が近づいてくると、人生で縁のあった人たちへの感謝や相手を大切に思う気持ちを表現せずにはいられなくなるという。病床で気力すらなかった人たちが、苦しい息の底から「いい家族が与えられて幸せだった」「皆のおかげだ。ありがとう」と口にしたり、意識がなかった人が微笑みかけたり、表現は人それぞれだが、愛と感謝の思いを伝えようとする。

　いずれのケースにしろ、後で振り返ってあの時が「仲良し時間」だったのだと気づくことが多い。最期に大切な時間を共有することによって、様々なわだかまりや恨みが解消されていく。

『ごんぎつね』は、小学４年生の教材だが、これを小学６年生、あるいは、中学３年生の教材として取り上げたらどうなるか。小学４年生とは、また違った授業が展開されるはずである。火縄銃で撃たれてしまう場面は、必ずと言っていいほど、授業で扱われるところである。子どもたちは、様々な考えを出す。もしかしたら、大人になってから、「仲良し時間」のことを知り、兵十とごんのことを思い浮かべるかもしれない。

校長室だよりNo.763「仲良し時間」（2023.6.3）

◇誰一人取り残さない授業

　授業中に廊下をうろうろと歩くことが多い。国語のＳ先生は、「校長先生、こんにちは」と私を教室へと誘ってくれる。教室に入ると、生徒もあいさつをしてくれる。しばし、授業の様子を見ることもあれば、一言メッセージを残して去ることもある。

　どの教室でも、黒板の学習課題を確認するようにしている。興味があったり、いい課題だなと思うときは、教室に入る。生徒の様子を見る。いつお邪魔しても、授業者は一生懸命である。生徒は落ち着いて取り組んでいる。

　だが、授業によって、少しずつだが違いがある。授業開始５分の違いである。いわゆる導入である。生徒が生き生きと学習している授業は、導入が違う。導入には、学習課題も含

まれる。考えたくなるような学習課題では、生徒の反応が違う。「よし、やってみよう」と意欲が持てる課題がある。こういった場合は、扱う題材もよい。「んん、ちょっとむずかしいなあ」と少しの抵抗感があるのもよい。多少むずかしいができそうな課題である。

　最初の５分が、その後の45分を決める。導入がいい授業には、適度な緊張感がある。そこには、「今日は、どんなことをやるんだ」という期待感や少しばかりのドキドキ感もある。数学のＫ先生の導入は、いつもこんな感じである。「あれっ、今日は研究授業だったか」と思わせるときもある。普段の授業と研究授業との差がさほど感じられない。

　前述の国語のＳ先生の導入は見事である。テンポよく進み、コンパクトである。それでいて、課題が生徒のものになっている。生徒が、課題意識を持つことができている。導入は、可能であればコンパクトな方がよい。そうしないと、せっかくの意欲が、どこかにいってしまうことがある。学習課題が提示された頃には、生徒の意欲が減退してしまうのである。ただし、数学の授業などでは、この限りではないことがある。課題づくりが、そのまま学習になっていることがある。

　授業の様子を見ると、気になることがある。空いている席がないか、授業に参加できていない生徒はいないか。この２つである。教室に全員の生徒がいて、全員が授業に参加している。これが、目指す姿である。もちろん、他にもやるべきことはある。まずは、誰一人取り残さない授業であってほしい。

授業を見ていると、生徒はいろいろな顔や姿を見せてくれる。保健体育の時間に、英語とは違う顔を見せる生徒がいる。美術の時間に、理科の時間とは違う姿を見せる生徒がいる。音楽の時間に、数学とは違う顔をしている生徒がいる。それでよい。

　廊下をうろうろしているだけのようでも、実に多くのことがわかる。気がつくことが多く、教えられることも多い。生徒の学校生活のほとんどが授業である。そのことは、肝に銘じておきたい。

　　　　　校長室だよりNo.778「授業の様子」（2023.6.24）

◇学習カルテ

　もう30年近く前の話だが、国語の授業で「国語学習カルテ」なるものを取り入れたことがあった。その当時の個を生かす、個が生きる、学習の個性化、指導の個別化という流れに沿った実践である。発想は簡単である。お医者さんのカルテのイメージである。国語の授業における指導の記録を残すのである。

　例えば小説や物語などの文学的文章ではどうか。説明的文章ではどうか。文章は書けるのか。自分の考えを人前で発表できるのか。音読はできるのか。漢字は書けるのか。古典への興味はどうか。これらのことを指導するたびにカルテに累積していく。

すると、小説の読み取りが苦手だったのが、こういった指導をしたら登場人物の心情がわかるようになったなどのように変容が見えるようになる。大事なことは、カルテの機能である。次の指導者に引き継ぐことができるという点である。

　当時の私は、大規模校に勤務していた。一つの学年の国語の授業を3人で担当していた。生徒は、3年間で複数の国語担当者と出会う可能性が高くなる。学習カルテを使えば、次の国語担当者はどうだろうか。一人一人の生徒はもちろんのこと、集団としての傾向もつかむことができる。授業をする上での手立てが変わってくる。

　このカルテの名称を「学習カルテ」としたのは、カルテの内容を生徒にもわかるようにすることからである。授業担当者だけが使うのであれば、指導カルテでよい。ここが、お医者さんのカルテとの違いである。生徒は、自分の学習の足跡として、学習カルテを見るようになる。こんなことができるようになった。ここが、まだまだ課題だ。指導者と生徒とが、カルテを通して、これからはこんなことに取り組んでいこうという確認ができる。ということは、お医者さんと患者さんと同じように、生徒と授業担当者との面談が必要になる。学習カウンセリングである。

　このようなことを考えた。若かったので、まだ体力があった。これを4クラス、約150名分やるわけである。カルテをつくるだけでも至難の業である。学習カウンセリングはというと、やろうとしたが、できなかった。1年間限定だとしても、やるのはむずかしい。何でもそうだが、継続できなけれ

ば、さほどの意味はない。持続可能な点がポイントである。

　今、振り返ると、随分と無茶なことをしていたと思う。だが、やろうとしたことが間違っているとは思わない。現実的ではなかっただけである。一応、学習カルテは作成して、それなりに活用はした。たまたま実践発表の機会があった。学習カルテの実践報告をした。聞いている人はどう思ったのだろう。やった方がいいのはわかるが、無理だと判断しただろうか。

　先生方に、学習カルテを勧めることはしないが、その発想は大事にしたい。国語の授業担当者として、一人一人の生徒が、何ができて、何ができないのかを把握しておくことは重要である。そして、生徒に、あなたは国語の授業で、「こんなことができるようになりましたよ」と知らせることは、もっと大切なことだと思う。当時の国語学習カルテは、今も私の書斎で眠っている。

　　　　　　　　校長室だよりNo.791「学習カルテ」（2023.7.12）

◇役者になる

　2学期がスタートした。まもなく退職を迎えるという感慨はない。まだまだ仕事を続けるからである。かえって、多少の不安感とともに、今までとは違った展開になることへの期待感がある。とはいえ、学校の校長職を務めることができる期間が、だんだんと短くなってきた。

そこで、考えた。この2学期は、校長を演じてみようと思う。ちょっとは、校長らしくしてみようと思う。そのためには、立ち居振る舞い、言動を考えなければならない。今までも、何度かチャレンジしたことはあった。そのたびに、三日坊主で終わった。野田中学校に来てからは、最初からあきらめて自然体でいくことにした。

　一昨年度に教頭としてお世話になった方が、昨年度から小学校の校長を務めている。会うたびに変わっていく。校長らしくなっていく。今では、すっかり校長の雰囲気である。他にも、校長になり、変わっていく人がいる。ポストが人をつくり、風格が備わっていく。かなり変わる人もいる。

　なぜだかわからないが、私の場合は、こうはならない。仕方がないので、最終手段として、校長を演じることにした。一番は、話し方である。これがむずかしい。いつものフレンドリーさを消さなければならない。問題は語尾である。文末表現で伝わり方が変わる。相手への印象が変わる。歩き方も重要である。急ぎ足でせかせか歩いている場合ではない。ゆったりと、背筋を伸ばして姿勢よく歩かなければならない。

　来客対応や対外的な集まりでの振る舞いも考えなければならない。いろいろ考えると疲れそうである。だが、演技をすると考えれば、また違ってくる。毎日、今日の演技はどうだったかなと振り返る。明日は、もっとよく演じようと考える。いい役者を目指すのである。

　演じるからといって、今までと思考や判断が変わるわけではない。誠意ある対応、誠意は時間でありスピードであるこ

とは変わらない。即断即決を旨とすることも変わらない。そのためには、常日頃から考えていなければならない。常に最悪を想定しておくことも変わらない。

　最後の半年くらいは、少しは校長らしくしたいというささやかな願望である。うまくいく日があれば、そうではない日もあるだろう。浮き沈みはあるにせよ、2学期いっぱい続けていきたい。その結果、ある程度うまくいったならば、そのまま3学期も続けようと思う。もし、案の定、うまくいかない場合は、自然体のまま3学期を過ごすつもりである。

　ここまで書いておきながら、一番の問題点に気づいた。自分の中に確固たる校長像があるようで、実はないのではないか。なぜそうなるのか。これからの校長は、今までの校長のようでは務まらないと考えているからである。新たな校長像を自分でつくっていかなければならない。

　三日坊主でも、あきらめずに何度も三日坊主を繰り返していけば、少しは変わっていくかもしれない。2学期は役者になる。そう決めた。

校長室だよりNo.827「演じる」（2023.8.23）

生徒に学ぶ

◇ドラマがある合唱コンクール

　この時期になると、中学校では文化祭や学習発表会が開催される。その学校ごとに名称もある。野田中学校では「王梨音祭」である。その内容は、学校によって、それぞれ工夫が凝らされているが、共通している部分がある。それが「合唱コンクール（合唱祭）」である。

　中学校では、どの学校でも合唱コンクールを行うのはなぜなのか。そこに教育的な価値があるからだろう。

　私も学級担任をしているときには、合唱コンクールに対して並々ならぬエネルギーを注いでいたように思う。まず、どの曲を歌うようになるか、これが大きい。希望の曲が重なれば抽選である。「あの曲になるといいな」と思いながら、結果を待つ。たとえ第一希望の曲にならなかったとしても歌い込んでいくうちに、その曲を好きになってくれればよい。

　そして、学級ごとに練習が始まる。最初からやる気満々なのは、女子生徒である。女子がリードして練習が進む。男子はというと、女子に言われるままに半ば仕方なく歌っている。よくある光景である。

　特に３年生の意気込みはすごい。女子は熱いのだが、男子

の半分は冷めた感じである。日に日に女子の不満がたまっていく。そして、ついに女子の数名が爆発する。さすがに男子もわるいような気がしてくる。だからといって、劇的に変わるものでもない。

　担任はというと、ずっと我慢して事の推移を見守っている。女子からの訴えも出てくる。コンクールの日が迫ってくる。いよいよ担任の出番である。「男子はもっと声を出せよ」などと当たり前のセリフを言っているようでは話にならない。ここで、どんな言葉で生徒の心に響くことを言えるかである。担任としてのすべてが問われる。

　それでも、男子の一部は、なかなかスイッチが入らない。コンクール前日になっても変化がない。そして、ついに担任は爆発する。あとは、当日を迎えるだけである。

　いよいよ合唱コンクール当日となる。朝の練習で担任はいたって冷静に語りかける。自分の学級がステージの上にあがる。いよいよ演奏が始まる。あの緊張感は担任の醍醐味の一つである。合唱は、出だしで決まる。今までろくに声を出さなかった男子が、見事な低音を響かせる。鳥肌が立つ。そして号泣である。もう結果などいい。もうこれで十分である。

　コンクールには順位がつく。生徒たちは、その結果に大きく反応する。最終的には、どの学級もがんばったからこそ、喜びもするし落胆もする。最優秀賞になればいうことはないが、栄冠に輝くのはたった一つの学級である。コンクールが終了し、学級では、担任が生徒に話しながらまた涙する。

　合唱コンクールには、ドラマが存在する。それも劇的なも

のである。紆余曲折を経て、当日、会場に男声が響き渡る。隣で歌っている女子もうれしさをこらえながら声を出しているのだろう。合唱コンクールの持つ力は、生徒の卒業文集を読めばわかる。部活動の思い出、修学旅行の思い出と並んで合唱コンクールの思い出がある。それだけ、生徒にとって文章として残すほどの何かがあるということだろう。

　その合唱コンクールが、今年はない。なくなって気づかされることがある。どの学級担任の先生も、来年度、合唱コンクールが行われれば、今まで以上に熱く燃えるはずである。どの学級にも熱いドラマが展開されることを望む。

　　　校長室だよりNo.441「合唱コンクール」（2021.10.18）

◇縁のある双子の兄弟

　以前、勤務していた梁川高校に、双子の男子生徒が入学してきた。ほどなくして、その一人の小学5・6年生のときの担任の先生が、妻だとわかった。もう一人も、同じ学年にいるわけだから、妻のことはわかっている。これも何かの縁なのかと思った。

　二人は、毎日、電車で登校してきた。秋になり、生徒会役員になった。二人とも、家の近くの飲食店でアルバイトを始めた。二人が働き始めた店は隣同士である。そこは、我が家の生活圏でもある。どちらの店にも、以前から行っていた。

　何とはなしに、その店に入ってみる。もしかしたらM君

がいるかと思うと、なぜかちゃんと働いている。
「よっ、がんばっているな」
　もう一方の店に行ってみる。ここでも、なぜかもう一人のM君に会う。
「すっかり慣れたようだな」
　なぜか、毎回会える。これもまた縁なのか。
　2年間、梁川高校に勤務し、転勤することとなった。M兄弟からお手紙をいただいた。なんていい子たちなのだろう。しばし、泣かせていただいた。
　その後、M兄弟はどうしているのだろうと思っていたところ、封書がポストに入っていた。誰からだろうと見てみると、M兄弟からだった。一人は、生徒会長になっていた。もう一人は、数学で満点をとったそうである。弓道部の部長にもなっていた。そんな内容が、決して長くはない文面に書かれてあった。その行間からは、「僕たちはがんばっていますよ」というメッセージが浮かんできた。生徒会や弓道部にまつわる写真も添えられていた。美術の作品もあった。この二人は、美術が得意だった。
　近況報告なのかもしれないが、「こんな高校生もいるんだ」と感心させられた。妻にも見せた。心から喜んでいた。そうであろう。自分の教え子である。小学生だった子が高校生になり、こんなに立派に成長しているのである。教師冥利に尽きる。
　妻と嬉しい封書を見せてもらった後に、遅い昼食というか早い夕食をとりに、M君の店に行った。アルバイトを続け

ているかもわからないし、会えるとは思っていなかった。席に着き、メニューを見ていると、店員さんがお水を運んできてくれた。M君だった。こちらは興奮気味に「今、手紙を読んできたばかりなんだよ。元気だったか。がんばっているようだな」などと、畳みかけるように話した。まさか会えるとは。よほどの縁があるらしい。

きっと今頃は、充実した高校生活を送っていることと思う。そのうち、また報告が届くかもしれない。楽しみである。

今考えても不思議なのだが、何のゆかりもないと思っていた梁川の地で、思いもかけない出会いが次から次へとあった。人生、わからないものである。M兄弟の成長を、これからも妻と二人で見守っていきたい。

校長室だよりNo.473「M兄弟」（2021.12.15）

◇あいさつ大賞

毎朝、学校の入り口に立っている。生徒が登校してくる。深々と頭を下げてあいさつをする生徒がいる。普通にお辞儀をしてあいさつをする生徒がいる。会釈程度に頭を下げてあいさつをしていく生徒がいる。ちょこんと頭を下げてあいさつをしていく生徒がいる。様々である。

4月から見てきて変わってきたことがある。頭を下げる生徒が増えてきた。理由はわからない。部活動での指導もあるだろう。とにかくわるいことではない。

何人もの生徒が毎朝、あいさつをしていく。その中に、際立つ生徒がいる。3年生の女子生徒である。その生徒は、毎朝、きちんと頭を下げる。「おはようございます」の声に張りがある。これが毎朝同じように繰り返される。

　きっと気分が乗らない日もあるだろう。辛いことや悲しいことがあった日もあるだろう。困っていることや悩みもあるだろう。それでも、彼女は毎朝、一定のレベルを保ちながらあいさつをしてくれる。まるで、あいさつをすることで、すべてをリセットし、「今日もがんばるぞ」と言っているようである。

　7月20日、ついにその生徒に声をかけた。
「4月からずっとあなたのあいさつの様子を見てきましたが、あなたのあいさつが野田中学校で一番です」

　そう伝えた。彼女は「ありがとうございます」と深々とお辞儀をして、いつものように校舎のほうに向かっていった。この日は、1学期の最終日だった。

　8月23日は2学期のスタートの日だった。私に褒められたりしたものだから、彼女はかえってあいさつしづらくなったかもしれないと心配していた。だが、彼女はやや意識していた感はあるものの今まで通りにあいさつをしていった。

　11月になり、彼女が歩いてくるルートが変わった。私の立っているほうには歩道がある。彼女は今までこの歩道を歩いてきた。それが、あるときを境に、反対側を歩いてくるようになった。そうなると、横断歩道を渡らなくてはいけない。

　毎朝、多くの生徒が、この横断歩道を渡っている。生徒の

姿を認識すると、ほぼ100％の車が止まってくれる。その行為に呼応するように、生徒は小走りに頭を下げながら渡ってくる。これが日常である。

　３年生の彼女が横断歩道を渡ってきた。小走りに頭を下げながら渡る姿は、他の生徒と一緒である。ところが、彼女は違っていた。渡り切ったところで、180度振り向き、横断歩道に頭を深々と下げたのである。小学生で、こういった行動をする児童を見かけることがある。本校の生徒では、彼女だけである。きっと彼女は、小学生のときからずっと同じようにしてきたはずである。

　今日は、12月23日、２学期の最終日である。彼女にまた声をかけたい。さて、どんなことを言おうか。本当は「あなたにあいさつ大賞を差し上げます」と言いたいところだが、そんなことを言われたら、３学期からやりづらくなるだろう。「今日、家に帰ったら野田中学校のホームページを見てちょうだい。あなたのことが載っているから」にしようと思う。

校長室だよりNo.478「あいさつ大賞」（2021.12.23）

◇かすり傷

　いつの頃からだろうか。子どもたちに失敗させないように、大事に大事に育てようという流れになったのは。少子化の影響もあるだろう。子どもが少なければ、大事に育てるのは当たり前のことである。

ずいぶんと前になるが、運動会の徒競走で、みんなで手をつないでゴールをするという話を聞いた。「大丈夫か」と思った。校庭の遊具は、遊具ではなくなった。子どもにとって危険なものとなった。学校への侵入者、不審者、川や沼での事故など、様々なことが起こり、世の中が変わっていった。子どもたちだけで公園で遊ぶ姿など見なくなった。

　昔話をしても仕方がないが、我がことを振り返ってみる。校庭の鉄棒では、飛行機跳びなる技を磨いていた。今思うと、まるで器械体操である。危ないこと、この上ない。ブランコでは、飛び降りて、どこまで跳べるかを競った。今の子どもたちがやれば、きっとけがをする。

　夏には、川に入りカジカをとった。川は、天然の流れるプールだった。楽しいこと、この上ない。今であれば、たぶん通報される。夏休みには、カブトムシをとりにいった。カブトムシがいそうな木を探して歩いた。そこには、誰の土地か、誰の所有物かという概念はなかった。

　秋になり、稲刈りが終わると、人の田んぼに勝手に入り、ゲイラカイトを飛ばしていた。田んぼは、すべて自分のものだった。栗拾いにも行った。間違いなく我が家の栗ではなかった。そもそも我が家には栗の木はなかった。

　学校帰りに、立派なタケノコを見つけた。一生懸命、引き抜いた。意気揚々と家に持ち帰り、母親に見せた。なぜだかあまり喜んでくれなかった。もっと喜んでもらえると思っていた。後で知ったことだが、どうやら母親は、タケノコの所有者のお宅に謝りに行ったらしい。道理で褒められるわけが

ない。かといって、叱られることもなかった。今であれば、大問題である。

　今思うと、私の子ども時代は、"かすり傷"だらけである。これは、実際のかすり傷もあるが、多少の失敗のことである。冷静に考えると多少の失敗の枠を超えているものが多いようにも思うが。

　現代では、多少の失敗、すなわちかすり傷を許容することが難しい。全く傷がつかず、社会に出ることがいいのだろうか。世の中に出てからのかすり傷が、かすり傷で済まず、大きな傷にならなければいいのだがと考えてしまう。

　中学生が生活する学校では、多少の失敗を推奨するわけではないが、せめて許容はしたいと思う。いくつかのかすり傷ならば、かえって子どもたちのためになると思うのだが、現実には難しい面もある。学校はミニ社会である。一般社会の影響を受け、世相を反映している場所でもある。学校の最大の武器は、教育ができるという点である。ぜひ、このことを生かしていきたい。

校長室だよりNo.575「かすり傷」（2022.6.27）

◇全校群読

　秋は文化祭のシーズンである。中学校では、文化祭と言ったり学習発表会と言ったりしている。その学校独自の名称もある。本校だと「王梨音祭」である。コロナ禍が続く中で、

各学校とも感染対策に気を配りながら、主体的に生徒が活動できるようにと、様々な工夫を重ねたことと思う。

　以前、勤めた中学校でも文化祭があった。合唱コンクール、生徒発表、文化部の発表、掲示、PTAによる模擬店など、今思うと大がかりなものだった。その分、充実感や達成感もあったように記憶している。

　また、「全校企画」というものがあった。毎年、どんなことをやるのか企画段階から練っていく。例えば、ビッグアートというものがある。一人一人が分担されたピースを作製し、文化祭当日に全体像が披露されるというものである。

　あるとき、全校企画の担当となった先生が、私のところにやってきた。そして随分と控えめに言った。
「高澤先生、今年の全校企画で、全校群読をやってみたいんです。協力していただけませんか」
　N先生である。私より年上の保健体育の先生である。
　私が国語の授業で群読をやっていることを知っていたらしい。さらに話を聞くと、すでに群読の題材まで決まっているとのことだった。森山良子さんが歌った『さとうきび畑』である。第二次世界大戦での沖縄がモチーフになっている。

　企画というものはこういうものだろう。群読が先か『さとうきび畑』が先かはわからないが、これをやりたいという思いが必要である。N先生には、子どもたちに伝えたい、わかってほしい、考えてほしいものがあったのだと思う。きっと、『さとうきび畑』が先なのである。そこに、群読が結び付いた。

N先生には、群読の指導経験がない。そこで、私の出番となった。まもなく文化祭の準備は始まろうとしていた。すでに、生徒の係活動も役割分担が進んでいる。放課後になると、各学級ごとに合唱練習をして、その後は、自分の係の活動場所へと移動していく。生徒数が多い学校だったためか、どの係活動にも参加しない生徒が、各学級に一定数出ていた。『さとうきび畑』の全校群読という企画は決まったが、問題は生徒である。誰が、この全校企画を進めるのかである。もはや、合唱練習が終わると、文化祭の準備には携わることのない一定数の生徒しかいない。私は覚悟を決めた。

　各学級の係活動に参加していない生徒を一か所に集めた。いったい何が始まるのかと不安げな生徒もいれば、何も考えてはいない１年生もいる。特に、３年生は、少なくとも肯定的にとらえてはいない表情をしていた。きっとこれから何かしらのご指導が始まると思っていたのだろう。

　おもむろに今回の全校企画の説明を始めた。N先生も、この全校群読にかける思いを話された。そして、説明が終わると「この全校企画を君たちに任せたい。特に３年生には、リーダーシップを発揮して、必ず成功に導いてほしい」という話をした。

　最初は、困惑したような表情だった。それはそうであろう。今までこんなことを言われたことはないだろう。だが、「『さとうきび畑』の詩はある。これをどのように群読するかは、３年生が話し合って群読台本、群読プランをつくってほしい。君たちがつくった群読プランで全校生徒が体育館で

群読をするようになる。頼んだぞ」
と話すと、3年生の表情がみるみる変わっていった。あの目の輝きは今でも忘れない。3年生のリーダー、すなわち全校群読のプロジェクトリーダーに就任したY君の笑顔は最高だった。

　この会の終了後、早速、3年生たちは『さとうきび畑』の詩を見ながら、ああでもない、こうでもないと話し合いを始めた。あの時点で、全校企画「全校群読」の成功は約束されていたのだろう。

　その陰には、一人の熱い思いを持った教師がいた。N先生には、ずっと感謝している。私が、生徒を信頼し、任せることの大切さを知るきっかけを与えてくれた。全校群読の当日、体育館には「ざわわ　ざわわ　ざわわ」が響き渡った。

　　　　　　校長室だよりNo.646「文化祭」（2022.10.31）

◇主人公がいる授業

　この前、理科の研究授業が行われた。今回は、同じ学習内容の授業を、1回目のクラスでの反省を生かして2回目のクラスでも行うというものである。理科のN先生は、1回目の反省をもとに、いくつかの改善を加えて2回目の授業に臨んだ。私のように1回目も2回目も参観している者にとっては、その違いは明らかだった。

　授業の終末を迎えた。N先生は、この時間の目標に直結す

る一番大切なポイントで、一人の生徒を指名し、説明をさせた。Ｓ君だった。Ｓ君は、ホワイトボードの上でマグネットパーツを動かしながら、一生懸命に説明を始めた。この説明は簡単ではない。

　すると、すぐ近くにいた生徒が助け船を出した。Ｓ君は、わかってはいるのだが、思うように説明ができないでいた。こういったことはよくある。理解できているかどうかの最高レベルが説明できるということである。

　Ｓ君は、何とか最後まで説明を終えた。自然と拍手が湧き起こった。生徒が発表したあとに、先生が「はい、拍手」と促すことがあるが、そういった拍手ではない。心からの拍手だった。授業が終わった。Ｓ君と助け船を出した生徒が、さらに先ほどの説明について話をしている。理科の話をしている。実にいい光景だった。授業が終わったあとも、まだ授業の話をしているのである。そこには学びがあった。授業者冥利に尽きるではないか。

　次の日の朝、Ｓ君が友達と登校してきた。呼び止めた。
「Ｓ君、おはよう。昨日の理科の授業はよかったぞ。大したもんだ。がんばれよ。期待しているぞ」
　Ｓ君は、「よっしゃー！」と小さくガッツポーズをしていた。隣の友達もうれしそうだった。スポーツでなくても、授業でもガッツポーズはできる。

　Ｎ先生は、ベテランの先生である。１回目のときも２回目のときも、放課後、校長室に来て「校長先生、今日はありがとうございました」とあいさつに来てくださった。２回目の

ときは、前述のようにS君の話をした。N先生は、「S君は理科好きなんです」とうれしそうだった。

あの理科の授業に主人公がいたとしたらS君だろう。S君がむずかしい内容をみんなの前で説明できたのは、理科好きという土台の上に、N先生が改善を図った2回目の授業があったからに違いない。他にも、N先生と生徒たちとの関係性がよいということもある。授業の雰囲気がよい。大事なことである。

以前、この校長室だよりに「主人公」というタイトルの文章を載せたことがある。まさに、N先生の理科の授業には、S君という主人公がいた。また次の授業では、違う生徒が主人公となるかもしれない。他の教科の授業でも、いろいろな生徒が主人公となれれば、きっと中学校は、今よりも生徒にとって魅力的なところとなるのではないだろうか。理科の授業でのS君の姿から、そんなことを考えさせられた。

校長室だよりNo.649「主人公はS君」(2022.11.7)

◇ご勇退

以前勤務した中学校の部活動の教え子から「高澤先生 ご勇退祝いメッセージ」という動画をいただいた。16年前の卒業生である。卒業以来、会ってはいない。お盆に教え子たちが集まってくれたが、その彼は都合が合わず、参加できなかったということで、メッセージを送ってくれた。

「この度はご勇退、おめでとうございます。2007年度卒業の〇〇〇〇です。2007年度の〇〇〇〇と言ってもわからないと思うので、今画面に映しているこの〇がついた人物です」と言うと、卒業アルバムの男子ソフトテニス部の懐かしい写真が出てきた。

「現在は、愛知県名古屋市で、WEB制作とかドローンとか、AIとか、そういったものの会社を経営しています」

　道理で動画の完成度が高いと思った。画面越しではあるが、まだ30代前半にして、経営者の雰囲気が十分に漂っていた。

「レギュラーとかではなくて、全然勝てなかったんですけど、先生との思い出としては、本当にいろいろとあったんですけど、一言で言うと、まあ、おっかない先生でしたね」

「一つ覚えていることがありまして、先生が集合をかけたときに、〇〇お前は勝ちたいのは伝わるんだけど、なんかずれているんだよなと一言。今でもすごく覚えています」

「先生のおかげで、ぼく、そこからちょっとずれているんだなというふうに意識して、それはいい意味でずれているという認識だったんですけども、そこからちょっと世間とは違うんだなというところで人生を歩み出してみて、ずれているからこそ、今、会社経営の道に走ったのかなととらえていて、その一言がなかったら、逆に平凡に過ごしていたんじゃないかと考えると、今の道をつくってくれたのは先生のおかげでもあります」

「先生の厳しい練習があったからこそ、社会に出て、あのときよりはましかなみたいなことも思うこともありましたし、

おかげで強く生きていけているのかなと思います」
「愛知から先生のご勇退をお祝いさせていただくとともに、これからの益々のご活躍をお祈りしてあいさつとさせていただきます。この度は、本当におめでとうございます。それではまた、どこかでお会いしましょう」

　会ってみたくなった。聞きたいことがたくさんある。いわゆるレギュラーではなかった教え子たちは、私が覚えていないだろうと思うようだが、そんなことはない。今回の彼もよく覚えている。一生懸命だった。だが、なかなか勝てなかった。勝たせてあげられなかった。

　前述の一言は、申し訳ないが覚えてはいない。どうやら、生徒に響いた一言というのは、意外とこちらは意識しないで言っていることが多い。こちらがねらって発した言葉は、たいてい響かない。不発で終わる。

　ご勇退と言われると、そうなのかと思う。本人には、そんな気は全くない。福島県の公立学校の教員を長きにわたり務めてきた。それが終わる。一区切りであることはまちがいない。だが、まだまだ仕事は続ける。社会貢献もしたい。

　とはいえ、社会に出てもやっていけるような厳しい部活動の指導からは、ご勇退である。ちょっと考えることがある。あのまま現在まで顧問を続けていたとしたら、果たして、自分の指導を変えたのだろうか。変えることができたのだろうか。

　今回は、彼のエピソードを紹介したが、一人一人の教え子たちに、それぞれ忘れられないエピソードがあるはずである。

そう思うと、改めて部活動の顧問の役割は、責任重大だと感じる。彼を含めて、今まで出会ってくれた教え子たちに感謝である。

校長室だよりNo.843「ご勇退」（2023.9.11）

◇海のいのち

　10月下旬に、福島市内の小学校で公開授業があった。私は、小学6年生の指導助言者だった。この学校には、昨年度からお邪魔していた。研究内容は、ユニバーサルデザインとリーディングスキルで読解力向上を目指すというものである。授業後の分科会で配布する資料のタイトルを「UDとRSで誰一人取り残さない『わかる』授業」とした。

　その分科会に、福島東高校の生徒であるAさんが参加していた。こんなことは今までにはなかった。なぜ、こうなったのか。福島東高校と橘高校に「教育コース」ができたからである。なぜ教育コースなのか。教員のなり手が減ってきているからである。教員採用試験の志願者減少により、倍率が下がってきている。福島県の教員になってくれる人材を育成しなければならないというわけである。

　県内の8校にこのコースができた。夏休み中の先生方の研修会にも、高校生が参加していた。福島大学附属中学校の研究公開にも参加するとのことだった。

　小学6年生の国語の授業だった。小学校文学教材最高峰と

言える『海のいのち』の授業だった。私には、指導助言として20分の枠が与えられた。

　高校生のAさんは、約20名の参加者、それも全員が先生という中に、一人でいるのである。ちゃんと最前列に座っていた。すぐ斜め後ろには、Aさんを見守るように、福島東高校の校長先生が控えていた。この校長先生は、「校長室だより～燦燦～」を毎日読んでくださっている一人である。

　この授業もそうだが、『海のいのち』の授業では、作品の山場にあたる場面で「なぜ太一は瀬の主を打たなかったのだろうか」というめあてを必ずと言っていいほど扱う。この作品の読解における重要なポイントである。

　指導助言の途中で、Aさんに聞いてみた。
「Aさんは、小学6年生のときに、『海のいのち』を学習したことを覚えていますか」
「はい、覚えています」
「今日の授業のめあては、『海のいのち』の授業では、必ずと言っていいほど扱われるものですが、Aさんは、このめあてで学習した覚えはありますか」
「あります。私は、むずかしくて考えることができませんでした」
「そうですか。考えることができなかったことを覚えているのですか。いいですね。先生方、そうは思いませんか」

　ここで、終わってしまったが、実は、このあとにAさんに伝えたいことがあった。
「Aさん、めでたく小学校の先生になり、6年生を担任す

ることになったら、『海のいのち』の授業のときに、子どもたちにこう言ってください。『先生は、小学6年生のときに、今日のめあてである"なぜ、太一は、瀬の主を打たなかったのだろうか"について、むずかしくて考えることができませんでした。先生になって、このめあてをもう一度、考えてみたいと思っていました。今日は、みなさんと一緒に考えていきたいと思います』と」

「むずかしくて、考えることができませんでした」と言ってくれたAさんの目がよかった。私の目にくるいがなければ、Aさんは、福島県の教育界を担ってくれる人材の一人である。「Aさん、素敵だった」と、この日の全体指導を務めた妻も言っていた。

Aさんには、この紙面を読んでほしい。心配はしていない。福島東高校の校長先生は、Aさんに「野田中学校のホームページを見るように」と言ってくれるはずである。

校長室だよりNo.894「海のいのち」（2023.11.8）

◇人の心

計算してみた。教員になり最初に担任した子どもたちは、40代半ばになっている。みんな瞳がきらきらしていた。元気いっぱいだった。子どもらしい子どもたちだった。多少のことではへこたれないような強さもあった。

あの頃は、毎日クタクタだった。まさに体力勝負だった。

小学校は、ほぼ全教科の授業を担任の先生が担当する。音楽の授業をやっていたのだから自分でも信じられない。空き時間など、ほとんどなかった。休み時間もなかった。校庭で子どもたちと遊んでいた。放課後になると、サッカーの指導があった。子どもたちが家路につき、ようやくホッとできる時間となる。ここからが仕事である。明日の授業の準備もある。授業に必要なものを買うために、隣の市まで車をとばすこともあった。

 当時、土曜日の午前は授業があり、午後もサッカーの練習があった。練習試合に出かけることもあった。日曜日になり、ようやくゆっくりできるかと思いきや、朝から教員住宅に襲撃者がやってくる。子どもたちである。というわけで、子どもたちとずっと一緒だった。

 いつぞやは、子どもたちが勝手に犬を拾ってきた。教員住宅で飼えという。仕方なく、飼うこととなった。それが果たして犬にとってよかったのかどうかはわからない。とにかくエネルギッシュかつバイタリティのある子どもたちだった。

 そんな子どもたちも、別人のようになることがある。家庭訪問である。まるで借りてきた猫である。おとなしく座っている。初めての土地で、目的地までたどり着けるかという不安があった。だが、何の心配もいらなかった。行くところ、行くところ、子どもたちが待ち構えていて、ちゃんと家まで誘導してくれるのである。その表情がうれしそうである。得意気である。ところが、親の前ではおとなしくなるからおもしろい。

何もわからない不安感しか抱かせるものがない私のような若造に、保護者をはじめ地域の皆さんは、とてもよくしてくれた。何もできなかったが、皆さんの心だけは受け取っていた。おかげで、どうにかこうにか、今日まで教員を続けられている。もしかしたら、教員になり、最初のうちに、最も大切なものを受け取っていたのかもしれない。それが"人の心"である。

　その後、30年以上もの間、教員を続けることになったが、いつも人の心だけは大切にしてきたような気がする。だからと言って、うまくできてきたわけではない。人を傷つけてしまったことがある。人の気持ちがわからず失敗したこともある。それでも、人の心とともに、生きてきたように思う。

　私にとっては、宝物のような子どもたちも、40代半ば、人生の折り返し地点にさしかかっている。みんな、どんな大人になったのだろうか。機会があったら、会ってみたい。

　　　　　　　校長室だよりNo.978「人の心」（2024.2.21）

◇ローマ日本人学校

　学級担任をしていても、学級通信を出していなかったことがある。イタリアのローマ日本人学校時代である。なぜ出さなかったのか。出してはいけなかったからである。どのクラスも出してはいけなかった。代わりに、学校だよりが出ていた。

ローマ日本人学校には、小学部と中学部があった。１年目は中学部２年生、２年目はそのまま持ち上がり、中学部３年生の担任となった。生徒は７人だった。上の学年は生徒１名、下の学年も生徒１名だった。ローマ日本人学校の中学部では、学年生徒１名というのが当たり前だった。なぜなら、小学部まではローマにいるが、中学生になると、子どもと母親は日本に戻ってしまうことがほとんどだからである。ローマから日本の高校を受験することへの不安、ローマには学習塾がないことなどが、その理由であろう。

　ところが、私が担任をすることになった学年は、開校以来初めて学年の全生徒が日本に戻らず、ローマで中学生活を送ることにした生徒、ご家庭だった。そのような集団の前に、日本の田舎、福島県から教員がやってきて担任になった。どれほど不安が大きかったことか。ローマに残ったことを後悔したのではなかろうか。

　かなりのマイナススタートとなった。今まで学級経営の柱としてきた学級通信が出せない。そこで考えた。生徒は、狭い日本人社会の中で生きている。加えて、男子４名、女子３名、計７名という小さな集団で生活している。けんかもできない。言いたいことも言えずにいるだろう。かと言って、ゆっくり話を聞く時間はない。決まった時間にスクールバスで帰っていく。それでも、生徒の思いを受け止めたい。

　生徒との交換ノートを始めることにした。一人１冊ノートを用意し、書きたいときに書き、担任である私に提出する。すると、私もノートに書き、生徒に返す。最初は、それほど

の分量ではなかった。ところが、だんだんと文章が長くなっていった。特に、女子3名は、ノート1ページにびっしりというのが当たり前になった。生徒が10行書けば、10行以上書いて返す。1ページ書けば、1ページ以上書いて返す。これが、私の基本スタンスである。したがって、7人分のノートに書くと、かなりの分量となった。

　2年間でものすごい量となった。卒業するときに、生徒の了解を得て、ノートをコピーさせてもらった。今でも、書斎の本棚にある。そこには、異国の地で、多感な思春期を迎えていた日本の中学生が、思い、悩み、考えたことが綴られている。また、生徒の思いを受け止め、誠実に一人一人の生徒に相対していた教師の姿が残されている。日々の生活、そしてノートのやり取りを通して、7人の生徒とは絆のようなものが生まれたと思っている。それは、日本を離れた特殊な環境だからこそできたことなのかもしれない。

　だが、ローマでも、日本でも、書くことを通して、生徒と教師が通じ合うことはできると思う。そのことは生徒の成長に少なからず影響を及ぼすものに違いない。生徒と何度もやり取りをしたノートは、永遠の都、ローマから持ち帰った宝物である。

　　　　　校長室だよりNo.994「7人の生徒」(2024.3.18)

生き方に学ぶ

◇コッペパンと校長先生

　この前、中学校時代の校長先生のことを書いていたら、小学校の校長先生のことも思い出した。大変申し訳ないが、お名前は忘れてしまっている。だが、一つだけ忘れられないエピソードがある。

　小学校6年生だった。卒業の時期が近づき、担任の先生から、給食の時間に班ごとに校長室に行き、校長先生と給食を食べることになったとの話があった。私の記憶では、私を含めて誰も喜んではいなかったように思う。校長先生からのオーダーだったらしい。

　私たちの班が校長室に行く日になった。それまで、校長先生とお話ししたことはなかったように思う。緊張しながら校長室で給食を食べた記憶があり、そのときの様子が結構鮮明に残っている。なぜなら、驚いたことがあったからである。

　その日の献立には、コッペパンがあった。あの当時では、よくあることである。マーガリンをつけたり、いちごジャムをつけたり、私はあまり好きではなかったマーマレードをつけたりしてパンをほおばったものである。焼きそばが出た日には、パンに焼きそばをはさんで、焼きそばパンにして食べ

た。それはそれは、あの頃の小学生にとっては、最高のごちそうという位置づけだった。

　校長先生との会食の日は、コッペパンとマーガリンの組み合わせだった。私たちは、いつものようにパンにマーガリンをつけながらかじる、あるいはパンを半分に開いてマーガリンをぬり、マーガリンパンにして食べていた。残念ながら、パンをちぎりながら食べるという上品さは、まだ持ち合わせていなかった。

　校長先生はというと、何とナイフとフォークを使って、あのコッペパンを切っているではないか。衝撃であった。ちゃんとした大人は、こうやってパンを食べるのか。自分たちは、何とマナー知らずの子どもたちなのだろうかと思ったものである。大人になったらパンはああやって食べるのだと思い知らされた。

　しかしである。それ以降、パンを食べている大人を数え切れないほど見てきたが、あの校長先生のようにナイフとフォークを使って上品に食べている方は見たことがないように思う。多くは、ちぎって食べている。私もそうしている。ホテルの朝食など、世の中で出てくるパンは、給食に出てくるコッペパンよりも小さい。あれをナイフとフォークで切っていたら、かえってこっけいに見えるかもしれない。

　あの校長先生は、普段からコッペパンをナイフとフォークで切るような生活をしていたのだろうか。明治時代末期から大正時代なら、それも合うような気がしないでもない。いや、フランスのルイ王朝時代か。いやいやあの校長先生は、あの

とき、あえてコッペパンをナイフとフォークで切ったのかもしれない。私たちに食事のマナーというものを教えるために。それにしては慣れた手つきであった。

　結局、私たちの班には、その場を盛り上げるムードメーカーがいたわけでもなく、校長先生からの質問めいたものがいくつかあっただけで、緊張したまま会食は終了した。校長先生も、もう少し場を盛り上げてくれてもいいのではと思ったものである。上品な方は、口数も少ないのだろうか。

　大人になってからは、コッペパンを食べる機会は減った。学校の給食も米飯が主となった。私の結論としては、やはり、コッペパンはまるごとかじるのが一番うまい。そもそも小学生が元気よくかじることを想定した形なのではないか。

　コンビニエンスストアに行くと、パンコーナーには必ず焼きそばパンが置いてある。ついつい買ってしまうことがある。今でも焼きそばパンが好きである。給食のコッペパンよりは小ぶりではあるが十分である。もうあの頃の給食のように、自作の焼きそばパンを食べることはできないのだろうか。コッペパンと小学校の校長先生、私にとっては特別な思い出である。

校長室だよりNo.176「コッペパン」（2020.8.24）

◇泣ける肉まん

　4月5日（月）の夕方というか夜のことである。次の日は、

生徒が登校し、着任式、始業式、入学式が行われる日である。教務主任の先生が、校長室にやってきた。何かの打ち合わせかと思ったが違った。

その先生は、昨年度、1年生を担任していた。今年度は教務主任となり、学級担任をしない。「最後の家庭訪問に行ってきました」とのことだった。その言葉には万感の思いが込められているように感じた。

その先生は、今年度で定年退職を迎える。ということは、昨年度担任した生徒が、担任として最後の生徒となるわけである。担任発表は、4月6日である。4月5日の夕方の家庭訪問は、担任として最後にできることだったのだろう。

その先生は、どのような思いを胸に家庭訪問に行ったのだろうか。一番心配な生徒だったのだろう。「最後の家庭訪問に行ってきました」にすべてが込められていた。

そしてである。「肉まんを買ってきました」と私に肉まんを手渡してくれたのである。泣けてくるではないか。

教務主任の年度当初は特に忙しい。息つく間もない中で、最後の家庭訪問に向かい、帰りには校長に肉まんを買ってきてくださったのである。自然と「この教務主任のためにもがんばらなければ」という思いが湧いてきた。なおかつその先生にとって教員生活最後の年となる。何としても有終の美を飾っていただかなければならないという思いを強くした。

きっと、あの肉まんのことはずっと忘れないと思う。校長室で一人で食べる肉まん、なかなかないシチュエーションであり、味わい深いものがある。

翌日の４月６日、127名の新入生が入学式に臨んだ。何よりもうれしかったのは、全員が入学式に参加しているということである。小学校のときに、様々なことがあったとしても、人にはやり直したい、がんばりたいという本能のようなものがある。この思いを大切に受け止め、魅力的な学校をつくっていきたい。

　この日の夕方には、何人かの先生方が「家庭訪問に行ってきます」と当たり前のように出かけていった。もちろん誰も肉まんは買ってこない。わずか数日間で、野田中学校の先生方には、生徒のことを心から思う教師としての"マインド"があるとわかった。これまた先生方が活躍できる環境をつくっていかなければならないという思いがふつふつと湧いてきた。

　自分としては、もともとやる気はあったのだが、先生方の姿に触発されて、さらに意欲が増してきた。そのうち家庭訪問から戻ってきた先生方に、肉まんを手渡せればと思う。

　　　　校長室だよりNo.341「肉まん」（2021.4.12）

◇10回目の挨拶状

　今回で10回目の転勤となった。ということは、転勤の挨拶状を10回出したことになる。この葉書の文面がむずかしい。若い頃は考えることができず、言葉が浮かんでこなかった。仕方なく、知り合いの方からいただいた挨拶状の文面で勉強

した。

　ここのところは、歳を重ねてきたせいか、言葉が出てくるようになった。今回も苦労せずに文面ができあがった。慣れてきたというよりは、思いが強くなってきたような気がする。それが言葉として出てきていると自己分析した。

　今回も挨拶状を送ったところすぐに反応があった。もう10年以上も前になるが、南会津の中学校に新任教頭として赴任したことがある。その学校でお世話になった私よりも年下の二人の先生が、現在、コンビで校長と教頭を務めている中学校がある。

　その二人が、校長室で仲良く写真を撮り、メッセージを付けて私のスマホに送ってきてくれたのである。二人ともいい人であり、いい教師である。きっと素敵な学校経営をしているに違いない。南会津最強のコンビではないかと思う。

　二人の写真を見ていたら、何だか涙が浮かんできてしまった。不思議である。私が中学校に勤務するのは、この二人にお世話になった学校以来なのである。私の中学校での直近の経験というと、教頭を務めたこの学校でのこととなる。この学校も統合となり今ではなくなってしまった。だが、学校はなくなっても思い出はいつまでも残る。

　教頭を務めている先生が、新任教頭研修会で県教育センターに来たことがあった。私はちょうどそのとき県教育センターに勤務しており、講義を一コマ担当したことがあった。その中で、新任の教頭先生方にいくつかの言葉をプレゼントした。その先生は、そのときの資料を大切に持っているそうで

ある。「『教頭は すぐやる 必ずやる できるまでやる』を念頭に頑張っていきます」とメッセージにあった。

　あの頃、私の教頭時代は純粋に必死だった。教頭職の責任の重さを痛感し、自分なりに努力したつもりではあった。だが、思い返してみると、大したことはなかったと思い知らされる。自分では頑張っていたつもりである。しかし、先生方や地域の方々に支えていただいていたということが後でわかる。何でも大切なことは後からわかるものである。

　これから、私のように今回、転勤となった方々から挨拶状が届くであろう。どんな文面であろうか。そこにはきっと、その方の思いが込められていることと思う。

　今回の挨拶状にも写真を入れてみた。野田中学校の校舎全景を東側から見ると、うまい具合に吾妻連峰が入る。ちょうど校舎の上に「吾妻の雪うさぎ」がくるのである。空は快晴の青空である。これはいいとばかりにカメラに収め、葉書に入れた。すると、雪うさぎは、もはやうさぎとは判別できない状態になっていた。残念。

　最強コンビが運営する学校も私が勤務する野田中学校も大型連休を迎える、ここ２週間が大切な期間となってくる。地域は違えど、ともに生徒のため、地域のために努力していきたいものである。南会津は、これから桜の季節を迎える。きっときれいなことだろう。

　　　　　　　校長室だよりNo.345「挨拶状」（2021.4.19）

◇金木犀の香る日

　今年は、9月12日だった。季節が晩夏から初秋へと移る時期に、毎年「今年もこの季節がやってきたか。秋だなあ」と思わせてくれることがある。それは、金木犀のほのかな香りである。ふわっと匂い立つ何とも言えない香りである。

　朝、外に出ると、いい香りがしてくる。天候は穏やかで風もない。9月13日も14日も、外に出ると香りがした。今まで、そんなことをしたことはなかったのだが、愛用のスケジュール帳にメモをしておいた。今年の"金木犀の日"である。

　14日は、野田中学校の校舎にいても、校長室でも、金木犀の香りがした。どこにあるのだろうかと、うろうろしていると、運よく作業中のSSS（スクールサポートスタッフ）のHさんがいらした。
「Hさん、金木犀の香りがしますよね」
「します。します。中庭にあります」と教えてもらった。
「ここからだと見えます」と案内してもらった。オレンジ色の花を咲かせた金木犀の木を見つけた。

　Hさん曰く「普通は10月に咲くんですが、今年は早いんです」とのことだった。
「去年も9月だったように思うんですが」
「年々早くなっているんです」
「ちょっと調べてみたら10月に咲く花とありました」
「調べたんですか。さすがですね」
「いやいや花のことを何も知らない男なので」

「金木犀は匂いが強いんですが、銀木犀はやさしい匂いなんです」

「中学1年生の国語の教科書の作品に銀木犀が出てくるんですよ。それで銀木犀を知ったんです」

「そうなんですか」

「もともと木犀というと銀木犀のことで、金木犀は変種なんだそうです」

「そうですか。繁殖力が強かったのかもしれませんね」

　Hさん、さすがである。

　毎年思うのだが、金木犀の香りは、数日間ほどでなくなってしまう。調べてみた。開花して4、5日で散ってしまう儚い花だとわかった。Hさんは、「1週間ぐらいですかね」とおっしゃっていた。ついでに、香りの強い花をつける3つの樹木を三大香木というが、その一つであることもわかった。他の2つは沈丁花（じんちょうげ）とくちなしである。

　金があるということは銀がある。それが銀木犀である。Hさんは、ご存じだったが、一般的にはあまり知られてはいない花かもしれない。金木犀と同じモクセイ科の植物で、10月頃になると白い花を咲かせる。

　金木犀の花言葉はいくつかあるが、その一つに「謙虚」がある。金木犀は、毎年、それこそ謙虚に、わずか数日間だけ、秋の訪れを教えてくれる。Hさんも謙虚な方である。来年も、その次の年も、"金木犀の日"を記録していこうかと思う。

　　　　校長室だよりNo.444「金木犀その1」（2021.10.21）

◇ほうきさばき

　毎朝、7時20分頃になると、校長室を出て玄関に向かう。学校の入り口に立って、登校してくる生徒にあいさつをするためである。昇降口前には、教頭先生が立っており、手指消毒に来る生徒一人一人に声をかける。

　生徒指導主事のS先生はというと、ほうきを手に昇降口の掃き掃除をしている。そのほうきさばきがすばらしい。年季が入っている。この道何十年という雰囲気を醸し出している。教頭先生も同様に、ほうきで掃除をしていることがある。

　そういえば、初任者のSS先生が、4月に教頭先生の手ほどきを受けながら、ほうきを手に昇降口の掃除をしているときがあった。彼がほうきを持つ姿は、たどたどしい感じだった。きっと、高校、大学とほうきなど持ったことがなかったのだろう。家の掃除も掃除機である。小学校と中学校の掃除で使うほうきとはまた違うものである。慣れないのも仕方がないことである。

　教頭先生は、ほうきの使い方を説明しながら、SS先生に手ほどきをしていた。その様子は、何やら楽しそうだった。次の日から、SS先生は、自分でほうきを持ち、昇降口の掃除を始めた。すぐ近くでは、生徒指導主事のS先生が、掃除をしている。まるで、師匠と弟子である。その差は歴然である。S師匠は、弟子に何も教えない。何も言わない。それがまたいい。

S師匠は、昇降口だけでなく、学校の玄関前など、敷地内の掃除もしている。見ていると、いつでも丁寧かつ素早い。やっていることに、日によっての差がないのである。経験のなせる業ではあるが、それだけではない。師匠には、心があるように感じる。

　気がつけば、師走、12月を迎えていた。SS先生のほうきさばきもだいぶ板に付いてきた。日々の修行の成果である。昇降口でOJTなどあるわけがないと思われるかもしれない。だが、野田中学校の場合は、もしかしたら教員として大事なことを、SS先生は、S師匠や教頭先生から学んでいるのかもしれない。

　S師匠が、毎朝、どんな気持ちで昇降口を掃いているのか。それは、まるで場を清めているようにも見える。SS先生は、きっと何かを感じ取っているはずである。教員1年目の修行の場として昇降口はいいかもしれない。

　これからは、S師匠のようなほうきさばきのできる教員も減っていくのかもしれない。SS先生には、次の学校に行き、何かの機会に、ほうきを手にすることがあったら、まわりの先輩教員から、「若いのにほうきさばきがいいね」と褒められるぐらいになってほしい。「前の学校でS師匠と教頭先生に習いました」必ずそう言ってほしい。

　　　　　　　　校長室だよりNo.469「昇降口」（2021.12.8）

◇たらの芽と家庭訪問

　もう30年以上も前の話になる。村の小学校に新任教員として登場した私であった。毎日が必死ではあったが、苦しくはなかった。何だか楽しかった。

　すぐに家庭訪問の時期がやってきた。子どもたちは、みんなニコニコである。
「先生、何時頃、来るの？」
「うちはね、○○を通って、△△の隣だよ」
「先生、俺が道案内をするから」

　矢継ぎ早に話してくる。自分の家に「先生」が来るのが、どれほどうれしいのか。

　慣れない道を慎重に家を探しながら進むと、必ず子どもが立っていた。そこからは誘導してもらえた。楽しみにしていたわりには、部屋に隠れてしまう子ども、親御さんの隣にきちんと正座している子ども、自宅の庭で遊びながらも、こちらを気にしている子ども、訪問する家庭によって、それぞれである。

　どのご家庭でも、お茶にコーヒー、お菓子にケーキと出していただき、恐縮してしまったことを覚えている。最も印象に残っているのが、たらの芽の天ぷらである。家庭訪問で天ぷらが出てきたのである。あの頃の私は、たらの芽といわれてもよくわかってはいなかった。たらの芽を知ったのは、もっと後になってからである。

　どのご家庭に行っても、包まれているような温かさを感じ

た。何だか守っていただいているような感覚である。目の前に座っているのは、頼りない若者である。あれこれと心配なことばかりのはずである。そのことを出さずに、相手をしていただいた。今、振り返っても感謝しかない。

　昔は、保護者に守られ、保護者に育てていただいた側面がある。一人の若者を見守ってくれる雰囲気があった。今は、なかなかそうはいかないだろう。そう考えると、保護者に育てていただき、先輩教員に多くのことを教えていただくことができた私は幸せな教員の一人なのだろう。

　果たして、食べていいものなのだろうか。天ぷらは揚げたてが一番である。せっかくのご厚意である。食べないと失礼なのではないか。目の前の保護者は、ぜひ食べるようにと勧めてくださる。悩む。葛藤しつつも、会話もしなければならない。

　結局、たらの芽の天ぷらを口にすることはできなかった。とてもとてもそんな勇気はなかった。後になって、それを味わう機会があり、こんなにもおいしいものだったのかと知ることができた。

　今年も、まもなく、たらの芽の季節がやってくる。たらの芽を見たり食べたりするたびに、新任教員時代を思い出し、温かく育てていただいた村の保護者の皆さんと子どもたちの顔が浮かんでくるのである。

　　　　　　　　校長室だよりNo.508「たらの芽」（2022.2.22）

生き方に学ぶ

◇感謝して 幕を引きます 昭和の灯

　あるお店の入口のシャッターが閉まっていた。ずっと閉まったままである。貼紙があった。そこには、次のように書かれてあった。

　大変お世話になりました。
　感謝して 幕を引きます 昭和の灯 母の愛せし ○○酒店
　私も八十三才となりました。
　長い間の御愛顧に心より御礼申し上げます。　店主

　本当は、もっと書きたいこと、伝えたいことがあるのだろうと思う。その思いを一首したためることで伝えようとしているところが店主のなせる業であり、お人柄である。短いが故に伝わることもある。店主の心意気ともいうべきか。
　このお店には行ったことがある。以前お世話になった方のご実家である。店主であるお母様とも話をしたことがある。母親から引き継いだお店をいよいよ閉じることも知っていた。実は、前任校である高校への通勤経路上に、このお店があった。毎朝目にしていたお店なのである。しばらくの間は、そこがお世話になった方のご実家とはわからなかった。
　縁が縁を呼び、ご実家に伺うようになった。店主とも何度か話をした。一度は、長電話をしたこともある。あんなに長電話をしたのは、いつ以来だっただろうかと思うほどだった。前任校に別れを告げる際にも伺った。

通勤経路が大きく変わり、〇〇酒店の前を通ることもなくなった。先日、たまたま向こうの方に行く機会があった。そこで、〇〇酒店の前を通ることにした。そうしたら、貼紙があった。スマホで画像に収めた。これで、いつでも見ることができる。

　縁とは、人と人との結び付きだが、そこには心が必要となる。心と心の結び付きが縁となる。少し見方を変えてみると、今日から野田中学校で生活する中学生とも縁を感じる。そうであるならば、心が必要となる。

　今年度も心をベースとした学校経営をしていきたい。教育は人の心が決める。思いやりを柱に、心が通い合う野田中学校にしていきたい。それが、〇〇酒店の店主から教わったことなのかもしれない。

校長室だよりNo.533「昭和の灯」（2022.4.6）

◇熱心な愛読者

　この「校長室だより〜燦燦〜」の取り組みを始めたのは、梁川高校に勤務していたときである。令和3年4月1日から福島市立野田中学校に勤務することになり、梁川高校では3月末にホームページにアップした第333号が最後となった。タイトルが「燦燦」なので、「333」にした。そうなるように、3月は週末の土日にもアップした。そこまでして333にこだわった。

生き方に学ぶ

　その時点では、野田中学校でも、この取り組みを続けようとは考えてはいなかった。野田中学校のホームページの状況もわからなかった。このまま終了してもかまわないという思いで333にしたのである。
　ところがである。悲しいかな、野田中学校に勤務するようになり、すぐに書きたくなった。それだけの素材が溢れていた。何百人という今までの読者の方の存在も気になった。
　そういうわけで、何事もなかったかのように、第334号から野田中学校のホームページにアップするようにした。今までとの違いは、金曜日にアップする「校長通信〜夢拓く〜」である。これは生徒向けの文章になっている。紙媒体で配布もしている。
　野田中学校での取り組みを始めたのはいいが、特段、反応というものはなかった。ところが、４月下旬だっただろうか。ある保護者の方が私に声をかけてくださった。その方がＫさんである。
「校長先生からのお便り、毎日読んでいます。全部ファイルしておいて、娘が卒業するときに渡そうかと思います」
　どれほどありがたかったか。どれほど励まされたことか。救われた気がした。
　そこからである。不思議なもので、様々な方面から反応が寄せられるようになった。「このまま続けてもいいようだ」、そう思うことができた。
　Ｋさんは、ＰＴＡの役員を務めてくださっていた。そのため、その後もお会いする機会があった。娘さんの部活動でも

お会いすることがあった。その度に、校長室だよりのことを話題にしていただいた。毎回、よく読んでくださっていると感心させられた。

今年の4月28日には、授業参観とPTA学年懇談会があった。Kさんにお会いできる日である。会が終わった後で、Kさんが校長室に来てくださった。高校に入学した娘さんも一緒である。あるものをいただいた。「たらの芽」である。この校長室だよりを読んでくださっている方ならば、おわかりだろうと思う。たらの芽には意味がある。Kさんならではの粋な計らいである。

娘さんの高校生活のことなど、いろいろな話をした。たらの芽を天ぷらにして、おいしくいただいたのは言うまでもない。からっと天ぷらにしてくれた妻に、Kさんと娘さんのことを熱心に話したことは、もちろんである。

この「校長室だより〜燦燦〜」は、Kさんのような方々に支えられている。Kさんには、中学2年生の娘さんもいる。まだまだ読者を続けていただけるだろう。心強い限りである。

校長室だよりNo.560「Kさん」（2022.5.31）

◇教育実習生との縁

この前、職場に手紙が届いた。封筒に手書きでインクの文字である。今では、このようなものをいただく機会は減ってしまった。そもそも自分が、手紙をしたためるということを

していない。封筒の中には、インクによる丁寧な文面の便箋が入っていた。

私が、以前勤務していた中学校に、音楽の先生を志す教育実習生がやってきた。その学生は、私の学級に配属となった。封筒の裏には、差出人のお名前があった。脇には旧姓が書かれてあった。それで、すぐに、あのときの教育実習生だとわかった。

手紙の文面には、突然の手紙であること、18年前に教育実習でお世話になったこと、大学を卒業後、大学院に進学し、その後は結婚したこと、今は小学6年生と2年生の娘がいること、PTAの副会長を務めて1年が過ぎたことなどが綴られてあった。

PTAという立場で頭を悩ますことも多いが、非常にやりがいがあり、楽しいとのことだった。そう感じることができるのは、私との縁が原点だと記されてあった。ふと立ち止まるとき、私が教育実習ノートに書いたことばを心に留めて日々を過ごしているという。教育実習のときに、彼女はすごいなと思ったこと、いい先生になるだろうなと思ったことは今でも覚えている。

指導技術はこれからだとしても、授業のセンスがあった。生徒と接するときも、生徒のことがよくわかっているように見えた。何よりも、いつも笑顔だった。人としての魅力を感じた。

6年生の娘さんが、家で音読をしたときの題目が「薫風」だという。あの当時、私が出していた学級通信のタイトルが

「薫風」だった。彼女のことを学級通信「薫風」に紹介したことがある。彼女は、今でもそれを大切に手元に置き、時折眺めているのだという。

　彼女の実習期間は、たったの２週間である。出会いとは、期間の長さ、時間の長さではない。たった一瞬でも、何があったか、どのくらい心が通い合ったかである。彼女の２週間は、今でも記憶に残っている。パソコンには、ピアノを弾く彼女や学級の生徒と一緒に写った彼女の笑顔が残っている。

　きっと、あの頃の私は、まだ学生だった彼女に、何かを感じていたのだと思う。今の学校にも、毎年、教育実習生が来ている。それぞれ、持ち味があり、将来が楽しみである。教員不足と言われている今の時代、教員になってほしいとは思う。だが、ならなかったとしても、その人の人生において、教育実習という期間が、光り輝いていればと思う。手紙を送ってくれた彼女の２週間は、今でも輝きを放っているはずである。

　これは、久しぶりに、手書きの文面をしたためるかと覚悟を決めて、ちょっと待てよと思い出した。LINEに彼女の名前があったことを思い出した。今でもつながるのか不安だったが、とりあえずメッセージを送ってみた。すぐに返信が来た。使える。というわけでLINEに長々とした文面をしたためることになった。便利な世の中である。

　彼女からいただいたお手紙は、私にとって宝物である。ずっと取っておこうと思う。そして、時折読み返して、今後の人生の糧としたい。

生き方に学ぶ

校長室だよりNo.793「教育実習生」(2023.7.15)

◇中学校に架かる虹

　この「校長室だより〜燦燦〜」を読んでくださっている皆さんは、野田中学校のホームページにアクセスしていただいているものと思う。トップページには、それはそれは見事な虹の写真が出てくる。校舎と体育館を優しく包み込むような虹である。

　この写真は、保護者の方からメールでいただいた。うれしかった。すぐにホームページに上げようと思った。それまで、一番上にあった校舎の絵は、その下になった。この絵は、ある生徒から中学校を卒業するときにいただいたものである。何だかいい味が出ている。すぐにホームページに載せたいと思った。絵の作者は、現在高校２年生である。弟さんが、中学３年生にいる。

　いつだったか、８月下旬頃だと記憶しているが、何気なく夕方のテレビを見ていたら、視聴者からの投稿ということで、野田中学校にかかる虹の写真が紹介されていた。もしや、同じ保護者の方だろうか。虹の撮影ポイントを熟知しているような気がした。学校が、虹に守られているかのような写真だった。

　この鮮やかな虹の写真は、ホームページだけではおさまらなかった。教務主任の先生が、拡大したものを昇降口前と校

長室前に掲示してくれた。タイトルは、「野田中学校に架かる虹」だった。このコーナーは、これで終わらなかった。2学年主任の先生が、きれいな空を写真に収めてくれた。すると、また教務主任の先生が、拡大したものを掲示してくれた。タイトルは、「野田中学校から見た夏空」だった。虹と空がそろった。次のテーマは何だろうか。

　虹の写真をご提供いただいた保護者の方にお会いしたかった。ぜひともお礼を言いたかった。あるとき、たまたま玄関前でお会いできた。車から降りてくる方がいた。
「○○○○○の父です」
「あっ、虹の写真の」
「校長先生にお会いしたかったんです」
「私もです」と言って握手を交わした。

　私にとって、「虹」は特別なものである。長男が生まれる際には、虹がつく名前を考えていたほどである。結局、妻と相談の上、虹ではなく夢になったのだが。空には、きれいなものがたくさんある。中でも、虹の存在感は特別である。虹が出ると、なぜうれしくなるのだろう。どうして、あんなにきれいなのだろう。

　昔、まだ子どもの頃だったが、虹に向かって自転車をこいだことがある。どこまで行っても、虹に追いつくことはないとわかっている。だが、本当だろうかと、実証実験をしたくなった。全く虹に近づくことはないのだが、妙に楽しかった。近づきそうで、なかなか近づけない。すぐ目の前にあるのに。ばかばかしいことかもしれないが、それがおもしろい。

野田中学校のトップページを飾る写真として、「野田中学校に架かる虹」は最高の一枚である。私が学校を去ったあとも、できればホームページのトップページの写真は、この写真のままにしておいてほしい。それが私のささやかな願いである。改めて、ご提供いただいた保護者の方に感謝したい。
　　　　　　　　校長室だよりNo.856「虹」（2023.9.26）

スポーツに学ぶ

◇魔法の言葉

　先日の福島県国際理解教育研究会の懇親会の際に、ある先生から声をかけられた。
「失礼ですが、○○中学校のテニス部の顧問の先生ですよね。私、テニスコートで何度かお会いしているんです」
　少しお話しして、すぐに状況が理解できた。その先生は私の娘が中学生のときに、いわき市のある中学校のソフトテニス部の顧問をなさっていた方だった。その中学校のことはよく覚えている。体格がよくオーソドックスなテニスをしている選手がいた。スケールが大きく将来伸びるであろうテニスをしていた。
　○○中学校とは私の娘の学校である。そのとき、私はすでに部活動の顧問を引退しており、立場は一保護者だった。しかし、顧問の先生が都合のわるいときなどは、ベンチに入って指導もしていた。だから、顧問の先生と思われても仕方がない。
　その先生のお話はこうであった。あるとき、娘の学校とその先生の学校が、何かの研修大会で対戦したことがあった。ソフトテニスの団体戦は、2人組のダブルスを3対戦行って

勝敗を決める。したがってレギュラーは6人である。だが登録メンバーは8人である。8人のうちから6人が試合に出ることになる。

　県大会以上になると別だが、多くの大会や練習試合では、生徒が審判を行う。この大会でも生徒が審判をしていた。そうすると、団体の登録メンバーには入っているが試合には出ない、いわゆる4番手の選手が審判をすることが多い。そのときも、相手の学校の4番手の選手が審判をしていた。

　その選手の審判が実に見事であった。コールする声が大きくハキハキとしていた。ジャッジにも迷いがなかった。自信をもって審判をしていた。ベンチに入っていた私は、試合が終わってからその選手に声をかけ、その審判ぶりを褒めた。こんなことをする指導者は滅多にいないであろう。実はきちんと審判ができる選手はそう多くはない。その選手は際立っていた。私は本当にすばらしかったので本気で褒めた。このことは私の記憶にも残っていた。

　その先生が、このことを話してくれたのである。私に褒められた選手は、うれしくて顧問の先生に報告してくれたそうである。その選手は、一生懸命努力しているが、なかなかレギュラーにはなれない。そのことで落ち込むこともあった。それでも、やるべきことはきちんとやる素直でまじめな生徒だった。顧問の先生もその生徒の努力を認め、いつも励ましていたそうである。

　そんなときに私が絶妙のタイミングで彼女に声をかけたらしい。自分の努力が認められたと思ってくれたのだろう。相

手は、初めて会った見ず知らずの人なのだが。それも顧問の先生とみせかけて、ただの一保護者なのだが。

　その後、彼女の人生は変わったそうである。このエピソードをもとに作文を書いたらコンクールで入賞したそうである。その先生は、当時、私に手紙をしたためようかと思ったそうである。話を聞いていると、その生徒もすごいが、私に熱く語ってくれるその先生も人柄がにじみ出ており、いい先生なのである。

　私の一言が、一人の中学生の人生を変えていたとは、それまでつゆ知らずにいた。教員をやっていると、生徒の心に響く"魔法の言葉"が言えればと思うときがある。これがなかなかむずかしい。様々な条件がそろわないと同じ言葉を発したとしてもそうはならない。いったい、今まで何度魔法の言葉を発することができただろうか。

　言葉というものはむずかしい。人生が変わった生徒さんの明るい未来を楽しみにすると同時に、私に話してくださった先生にただただ感謝するばかりである。

　　　　　　校長室だよりNo.67「魔法の言葉」（2020.2.25）

◇中止となった高校総体

　全国高校総体、いわゆるインターハイが中止となった。さらには、全国高校野球選手権大会、いわゆる夏の甲子園も中止となった。スポーツを愛する高校３年生には、かける言葉

もない。スポーツとともに生き、真剣に、本気で取り組んできた選手ほど、そのショックの大きさは計り知れない。

ずいぶんと昔のことになってしまうが、自分の高校生活で考えてみた。高校３年生になり、まもなく地区高校総体だという時期に、いきなり「中止となりました」と言われたら、あの頃の自分は果たしてどうしていただろうか。

進学校のレベルの高さについていけず、高校生活に目標が見出せずにいた自分を救ってくれたのが、中学校から続けてきた部活動だった。相変わらず勉強はしないが、高校２年生の夏、秋、そして冬を越えて３年生の春と、どんどん部活動への思いは強くなっていった。本気度が増していった。かなり真剣になっていた。本気でインターハイを目指していた。

ところが、地区大会を前にして、右肩を痛めてしまった。右腕が上がらない。治らないまま大会を迎えてしまった。それでも、ごまかしごまかし何とか勝ち上がっていった。県大会になり、だいぶ右肩は快復していたが、まだ万全ではなかった。そもそも十分な練習ができていなかった。東北大会になり、ようやく右肩の調子も戻ってきた。今思うと、大会直前に右肩を痛めることも実力のうちなのだと思う。

もし、大会がなくなりましたとなったら、それはそれはかなりショックを受けていたことと思う。きっと数日間落ち込んだ後に、仕方なく大学受験へと切り替えていたことだろう。そして、受験勉強をしながらも、「大会があったらなあ」といつまでも引きずっていたに違いない。たぶん、高校を卒業してからも引きずっていたのではなかろうか。

今でも、県高校総体の負けた試合や東北高校総体の負けた試合のことはよく覚えている。自分の人生が、負けた試合によって形作られたといっても過言ではない。部活動における高校3年生の最後の3か月が、自分の人生に占めるウエイトは小さくはない。毎日の練習もあるが、各大会における数々の試合での経験が大きいのである。この期間が自分の人生からスッポリと抜けてしまったらと思うと恐ろしい。そのくらい価値のある貴いものである。

　大会があったからこそ、試合ができたからこそ、「もういいかな」と自分の中で区切りをつけることができた。ケジメをつけることができた。とはいいながら、結局は大学に進んでも、先輩に誘われるままに続けてしまったのではあるが。高校3年生の時点では、区切りがついていたのは確かである。

　あの頃は、インターハイに出たいという結果が大切だったように思う。しかし、今、冷静に振り返ってみると、本当に大切なことは、結果ではなく「どれだけ真剣にできたか」ということのように思う。突然、目の前から目標がなくなったとき、何を思うだろうか。真剣であればあったほど、絶望感や虚無感を抱くだろう。でも、それは、本当に真剣だったからではないか。絶望を目の前にした今は、一番大切なことを知る時間でもある。

　インターハイや甲子園が中止でも、それだけで人生は終わらない。今できることを真剣にやっていれば、その誠実さを見て、その過程を見て、導いてくれる大人は必ずいる。少なくとも私は、そういう方々に何度も救われ、これまでやって

こられた。だからこそ、今は真剣さを失わないことである。そして、あきらめないことである。

校長室だよりNo.117「高校総体」（2020.5.22）

◇自分をつくってくれたソフトテニス

　私は背が低かった。今でも覚えているが、小学校を卒業するときに139.8cmしかなかった。いつも列の先頭だった。そんな私が中学校に入った。前から4番目になった。なんとクラスに私より小さい人が3人もいた。うれしかった。

　中学校に入り、私なりにどの部活動に入るか真剣に考えた。背が低いということでバレーボール、バスケットボールが真っ先に消えた。野球は運動ができそうな人がたくさんいた。サッカー部はなかった。文化部は頭になかった。最後に残ったのがテニス部だった。私にもできると思った。小学生のうちからやっている人はいないため、みんな同じスタートラインだと思った。

　中学1年生のときの担任の先生と部活動の先生が同じ人だった。入ってから先生や先輩に言われるままにボール拾いを一生懸命やった。苦痛に感じたことは一度もなかった。むしろ楽しかった。

　ある日先生から「1年生の中から一生懸命がんばっている人を3人だけ大会に連れていきます」という話があった。私は大会に行ってみたかった。今まで以上にボール拾いに燃え

た。いよいよ3人の名前が発表される日がやってきた。私の名前が呼ばれた。うれしかった。

　幸いにも中学1年生の秋から選手として大会に出させてもらった。いわゆるレギュラーという存在である。その後も中学3年生の夏までずっと選手として数多くの試合に出た。

　結局中学3年間で1日も部活動を休むことはなかった。部活動を休むことなど考えもしなかった。楽しくて仕方がなかった。

　中学3年生の夏の最後の大会が終わり、志望校に無事合格し、高校でも早速軟式テニス部（現ソフトテニス部）に入った。しかし、大会に行っても先輩たちは弱かった。少なからずがっかりした。もう少し強くなりたいと思った。

　先輩たちが引退して自分たちの時代がやってきた。指導者がいないため、全部自分たちでやっていた。2年生の夏からは部長になった。練習内容から練習試合の交渉、大会に出る選手の決定、戦術面など、すべて自分でやった。私が1年生の頃はあまり強くなかったチームも、仲間に恵まれたおかげで徐々に強くなっていった。

　高校ではレベルの高い大会にも出られるようになり、悲しいかな自ずと自分の限界が見えてきた。テニスは高校までと思うようになった。大学では、何か新しいことをしようと思った。

　大学に入った。入学式の日、各サークルの勧誘合戦が激しい。そんな中、高校のテニス部の先輩に「昼飯を食べに行かないか」と誘われた。いろいろと大学の話を聞きたくて、の

このことついていった。とある中華料理店に入った。座敷の扉を開けると、そこには総勢50人ほどの体育会軟式庭球部の先輩方がお揃いになっていた。そのとき「どうやら先輩にはめられた」と気づいた。時すでに遅かった。悲しいかな次の日には練習に参加している自分がいた。

　それでもいつやめようかとタイミングをはかっていた。一応入部したのだから、先輩への義理立ては済んだと思っていた。大学生になって初めての大会に出た。思いがけず勝ってしまった。やめる機会を逸した。

　その後、望みもしないのに部長（主将）になってしまった。再び、高校時代と同じように練習日程、内容、選手決定など、すべて自分でやった。高校のとき以上に苦しいこともあった。大会でチームが意気消沈しそうなときには、チームの士気を鼓舞するために、自ら気迫を全面に出して試合をしたものだった。

　結局、中学、高校、大学とソフトテニスを続けてしまった。もし、テニスをやっていなかったら、部活動をやっていなかったら、自分の人生は少なからず変わっていただろうと思う。

　長年にわたりソフトテニスを続けてきた中でたくさんの人たちのお世話になった。何せ指導者がいなかったので、いろいろな人に教えを請うた。たくさんの人たちに支えられてきた。指導者になってからは、少しでもその恩返しをしようと思ってきた。なぜなら、ソフトテニスが私をつくってくれたからである。福島県選抜チームの監督やコーチをするようになり、恩返しも少しはできたかなと思えるようになった。

ようやくソフトテニスから遠ざかるようになった。今度こそは何か新しいことを始めようかと思っている。自分に何ができるかとても楽しみである。ソフトテニスしかやってこなかった人間である。自分でも、何ができるかわからない。
校長室だよりNo.259「自分をつくったもの」（2020.12.23）

◇手紙

　6月の福島支部中体連総合大会の折に、久しぶりにお会いした方がいた。その方から声をかけられた。思い起こすと、もう9年前のことになる。娘が中学校のソフトテニス部に入った。もともと、娘を含めて何人かで、テニスコートを探しては練習していた。娘たちの先輩にあたる2・3年生にも声をかけてみた。するとたくさん来た。みんなやる気があるのである。うまくなりたいのである。

　そのうち、男子も来るようになった。その中に、U君がいた。息子もソフトテニス部だったため、U君は、息子が3年生のときの1年生になる。親御さんとも自然と話すようになる。すると、U君がいろいろと悩んでいるということがわかった。あのときの私は何を思ったのか、いつものお節介ぐせが出たのか、U君に手紙を書いた。けっこう長くなった。

　久しぶりにお会いした方は、U君のお母さんである。9年ぶりにお会いし、いろいろな話をした。お母さんは、その日、家に帰り、U君に私と会ったことを話したそうである。次の

日も、お会いして話をした。U君に私のことを話したところ、U君は、9年前の手紙を取り出して読んでいたそうである。私も家に帰り、手紙を書いたことを思い出していたところだった。

9年前の手紙を持っているU君もすごいが、手紙には力があると思う。何よりも形として残る。相手に伝える手段としては、直接会って話す、電話で話す、メール、LINE、そして手紙である。同じ手紙でも、パソコンと手書きでは随分と味わいは変わってくる。

9年前、U君には手書きの文面を送った。それが一番いいと考えたからである。手紙だからこそ伝わることがある。時代が変わろうが、いくら世の中が便利になろうが、手紙がなくなることはない。なぜなら、手紙でなければいけないときがある。手紙が一番いい場合がある。

お母さんに話したことがある。
「出会いは、時間の長さではないと思います。何年も一緒にいても心が通わないこともあります。ほんの短い間でも、心が通じ合うことがあります。そのときに何があったかだと思います。どんなことを考え、感じたかです」

U君の人生からしたら、私の存在は、ほんの一瞬であろう。だが、手紙とともに何かが残っているのも確かである。だから、常に出会いは大切にしたいと思う。それは大人でも子どもでも同じである。

U君に私ができることはないかもしれないが、手紙がある以上、もしかしたら今でもお節介はできているのかもしれな

い。私は筆まめな方ではない。手書きの文面をしたためることなど滅多にない。その数少ない私が書いた手書きの手紙をU君が持っていてくれると思うと、U君の将来に思いを寄せる自分がいる。

　これからも思わず手紙をしたためるような出会いがあるかもしれない。また、下手な字で丁寧に書いてみようと思う。

校長室だよりNo.583「手紙」（2022.7.11）

◇指導者の人間性

　あれから約1か月である。聖光学院高校野球部の快進撃に歓喜し、仙台育英高校野球部の夏の甲子園での全国優勝から感動をもらった夏である。もう一度振り返ってみる。

　日本大学第三高校、横浜高校ともに全国での優勝経験がある強豪校である。そして敦賀気比高校も強豪校である。この3校を撃破した時点で少なくても準決勝に進出していてもいいくらいである。だが、聖光学院高校の試合は1回戦からだった。この1試合多い分が後々影響した。

　聖光学院高校は、過去に13年連続出場を成し遂げた甲子園の常連校である。だが、最高成績はベスト8だった。この夏は、九州学院を破り、遂にベスト4に入った。仙台育英高校もベスト4に残っており、東北勢同士の決勝かと一瞬期待したが、両校は準決勝であたってしまった。

　聖光学院高校は、今までも甲子園で伸び伸びと力を発揮し

ている。加えて今回のチームは強かった。よく打った。強豪校にホームラン２本で逆転した。守備もすごかった。仙台育英高校の須江航監督が、聖光学院高校の守備が一番だろうとコメントしていた。

　斎藤智也監督なくして聖光学院高校野球部はあり得ない。聖光学院高校は、これからさらに強くなるだろう。今までは見えなかった準決勝の景色を見ることができたわけである。全国の舞台での決勝戦に届くところまできている。

　甲子園連続出場が13年で途絶えたことが聖光学院高校を強くしたのではないか。斎藤智也監督はインタビューの中で、甲子園の舞台にもう戻れないのではないかという不安があったことを話している。負けることから学ぶことは多い。勝っているときには、なかなか気づかないものである。

　福島県が誇るアーティストGReeeeN（現GRe4N BOYZ）が、準々決勝後にこんなコメントをしていた。

福島県勢51年ぶりのベスト４
聖光学院 史上初のベスト４ おめでとうございます！！！！
雨の中の熱戦、感動しました。
これまでの『軌跡』がさらなる『奇跡』へと
準決勝 東北対決も
不動心・一燈照隅の心で全員主役の夏を。

そして、準決勝後にも。

全員主役の熱い夏
福島県の高校野球に新たな歴史が刻まれました。
最後まで戦い抜く姿勢に、涙しました。
誇りを胸に福島に帰ってきてください！
甲子園で鳴り響く『キセキ』心打たれました。
「心」と「人間力」そして仲間と果敢に戦った
選手・関係者の方々にエールを。

　今や全国から選手を集めたからといって勝てるわけではない。夜遅くまで厳しい練習をしたからといって勝てる保証はない。そんな高校は、全国にたくさんある。やはり指導者である。ここのところ、全国で勝ち進む学校の指導者は変わってきたと思う。厳しいだけでは選手はついてこない。指導者自らが勉強しなければならない。
　絶対的な優勝候補と言われながら準々決勝で負けてしまったにもかかわらず、相手校の監督に握手を求めに行った西谷浩一監督の姿は印象的だった。斎藤智也監督が、どれほどの量の本を読み、自分自身を磨いているか。花巻東高校の佐々木洋監督もそうである。初めて深紅の大優勝旗を東北の地にもたらしてくれた仙台育英高校野球部の須江航監督が、どれほど人間力を磨いていることか。
　甲子園という舞台では、全国の監督の"人間性"が試されているのかもしれない。

校長室だよりNo.625「聖光学院」（2022.9.20）

◇差し入れ

　この前、ある校長先生と、「差し入れ」の話になった。部活動での話である。差し入れと聞いて懐かしい感じがした。今でも、練習試合や遠征、合宿などでは差し入れは行われているだろう。

　差し入れと聞いて、真っ先にある記憶が蘇った。まだソフトテニス部の顧問をしているときだった。森合庭球場での夏の大会だった。この頃には、大会での差し入れは行わないようになっていた。ところが、ある保護者が差し入れを持ってきた。アイスである。今でも忘れない。ソーダ味の棒アイスである。ちゃんと人数分ある。

　この保護者は、大会や練習試合、遠征などに一度も顔を見せたことがなかった。お子さんは３年生である。きっと、もう最後だからと、仕事の合間を縫ってアイスを買い、森合に来てくださったのである。そのお気持ちはすぐに理解できた。

　だが、まだ試合中である。他の学校がたくさんいる中で、アイスを食べるわけにはいかない。かといって冷凍庫もない。困った。とりあえず日陰に置くしかない。試合が終わった。すぐにアイスを配った。案の定、すっかり溶けていた。それでも、みんな食べてくれた。差し入れてくださった保護者のお子さんは、いたたまれなかっただろう。恥ずかしかったことだろう。

　あの時の３年生たちが大人になり、会を催してくれた。呼

ばれてのこのこと出かけていった。昔話に花が咲いた。すると、あのソーダ味の棒アイスの話になった。生徒たちは、ちゃんと覚えていた。時が経ち、笑い話になっていたが、私は笑えなかった。生徒たちも、親となり、我が子が中学生になれば、あの棒アイスに込められた親の気持ちがわかるかもしれない。それでよい。

　生徒というのは、顧問がおごってくれたことなどをよく覚えているものである。別の学校の教え子たちの会にも、のこのこ出かけていったことがある。ここでも昔話に花が咲く。すると、会津若松での強化練習会の帰りに喜多方でラーメンを食べた話になった。

　会津若松で県レベルの強化練習会に呼ばれて車で出かけたことがあった。せっかくだからと、遠回りをして喜多方に向かった。喜多方といえばラーメンである。しょう油ラーメンが王道であろう。だが、あえて味噌ラーメンの店に入った。そこが実はおいしいことは以前から知っていた。

　喜多方に来て味噌ラーメンとは普通は考えない。若い頃は、1軒目はしょう油ラーメンを食べ、2軒目は違う店で味噌ラーメンを食べたりしていた。ラーメンのはしごである。何年も経っていたが、教え子たちは、あの味噌ラーメンがおいしかったと口々に言っていた。そういうものなのであろう。

　他にも、遠くに練習試合に行くと、帰りには必ずコンビニに寄っていた。そして、アイスをおごっていた。近年では、娘のときにも、遠征帰りのアイスは続いた。娘とその同級生は、何度アイスを食べたかわからない。アイスを食べる度に

力をつけていったと言っても言い過ぎではない。

　部活動でのアイスは格別である。ましてやラーメンなど最高である。顧問や保護者としては、ちょっとしたことなのだが、中学生にとっては特別なのかもしれない。今でもソーダ味の棒アイスを目にすることがある。自分で買うことはないが、見ると特別な思いがこみ上げてくる。思い出のアイスである。

校長室だよりNo.638「差し入れ」（2022.10.17）

◇高校生の成長曲線

　春の選抜高校野球大会出場に大きく影響する秋の東北大会が先月行われた。結果は、優勝が仙台育英高校、2位が東北高校、3位が聖光学院高校と能代松陽高校だった。この結果を見て、やっぱり仙台育英かと思う人が多いことだろう。

　だが、仙台育英の須江航監督は、夏の全国高校野球選手権大会において初の全国制覇を成し遂げた約1週間後に次のように話している。

「みなさんは、『秋も仙台育英が勝つ』みたいに言ってくれますけど、僕はそう思っていませんから。甘くないです、高校野球は」

　結果から言えば、仙台育英は秋の東北大会を制した。ただし、ぶっちぎりで勝ったわけではない。どちらかといえば、薄氷を踏む勝利ばかりだった。まず、県大会では決勝で東北

に1－2で敗れている。東北大会でも全て接戦だった。

　チームとは生き物である。豪華なタレントを揃えているといっても、メンバー構成が変われば野球も変わる。仙台育英は、夏、全国の高校の中で最後まで試合をした。さらには、大会後には体調不良者が複数出たため新チームの始動は9月3日である。県大会の初戦は19日だった。万全な状態で大会に臨むには時間が足りなかった。

　須江監督は、この夏、高校生の成長曲線をまざまざと見せつけられたという。

「実は、聖光学院さんをモデルケースにチームづくりをしようと思っているんです」

　昨年の夏、予選で敗れ甲子園出場を逃した両校は、8月に練習試合を行った。試合は仙台育英が大勝したが、須江監督は聖光学院の守りが洗練されている点を見逃さなかった。現に秋の大会ではエースが安定し、守備も10試合でエラーはわずか6だった。打線を見事にカバーし、選抜出場を果たした。

　そんな投高打低のチームが、夏の予選では強打を身につけ、甲子園では日大三、横浜、敦賀気比、九州学院と名だたる強豪を撃破しベスト4まで勝ち上がった。直接対決となった準決勝では仙台育英が大差をつけたが、須江監督は聖光学院の歩みに敬意を表している。須江監督は、次のように言っている。

「こういうチームづくりがあるんだと思い知らされたんです。秋はそれまで鍛え上げてきた守りで戦って、冬は課題のバッティング練習に徹底して取り組んで、ひと回りもふた回りも

スポーツに学ぶ

大きくなったじゃないですか。春から夏にかけての聖光さんは見違えるようなチームになりましたよね。あの成長を見させてもらったからこそ、うちも現時点の力を見極めて秋に臨めたところはありました」

　うれしいではないか。東北地区の強豪校同士が、切磋琢磨している。ここに東北高校も復活してきた。調べてみたら監督が代わっていた。同校OBで元プロ野球選手の方だった。指導方針がいい。自分のことは監督ではなく、ヒロシさんと呼んでもらう、怒らない、丸刈り廃止、練習中にBGMを流す、練習着はユニフォームでなくてもOK、暑い日はTシャツ、短パン、攻撃開始前の円陣廃止などである。

　こうしてみると、随分と自由な感じがするが、乱れていた寮生活の見直しも行っている。11年前の震災を知らない選手が多いことに気づくと南三陸町に全員を連れていった。決勝戦の仙台育英戦、試合前にナインに告げた。
「ここまでこれたのはみんなの力。自由にやってください。僕は寝てます」
　高校野球は、ますますおもしろくなりそうである。そこには、指導者の存在がある。
　　　　　　　　　校長室だよりNo.662「成長曲線」（2022.11.30）

◇高澤組

「高澤先生、今度テニスやりませんか」

「もう何年もやっていないよ。運動すらしていないよ」
「○○がお盆にでもやりたいって言うんですよ」
「そう、では久しぶりにやるか」

　というわけで、この夏休みのお盆に、5年ぶりにボールを打つことになった。8月12日、久しぶりにテニスの格好をして、森合のテニスコートに向かった。駐車場に着くと、懐かしい顔があった。誘ってくれたW君の同級生と4人くらいでやるのかと思っていた。車から降りると、W君とは代が違うメンバーがいた。「あれっ」。テニスコートに行ってみると、さらに人がいた。10人を超えていた。様々な代のメンバーがいた。その後も人が増えていった。テニスをやらずに顔を出すだけの人もいた。中学卒業以来会っていない懐かしい顔が何人もいる。

　すでに入念な準備運動を家でやってきた私は、軽くストレッチをして、ラケットを握った。「あれっ」。意外と打てる。ボールが跳ぶ。だが、体力がもたなかった。10分もしないうちに、交代となった。その後は、しゃべったり、ボールを打ったり、試合をしたりと楽しい時間を過ごした。教え子たちは、私が動けることをしきりに褒めてくれた。そこには、とても60になる人とは思えないという気持ちが入っていることは、容易に想像できた。

　前々から、この日は夜の会もあることは聞いていた。着替えて、時間に遅れないように、会場へと向かった。中に入った。森合のテニスコートに集まったメンバーがいるのかと思ったら、さらに人が増えていた。総勢30人を超えていた。多

少、驚いた。参加者の名簿があった。見せてもらうと、「高澤組（あの辛かった日々を1日だけ思い出そうの会）」というタイトルが目に入った。

メンバーの共通点は、同じ中学校のソフトテニス部であることと顧問が私であったことである。その学校には、6年間いた。ちゃんと、6つの代のメンバーが参加していた。最初の代は、部活動ではわずか3か月の付き合いである。にもかかわらず、何人も参加してくれていた。それが、一番うれしかったかもしれない。

その中には、大会に出場するときユニフォームの背中につけるゼッケンを持ってきてくれた人もいた。卒業後、ずっと大事に持っていてくれたのだろう。きっと彼にとっては勲章のようなものに違いない。卒業アルバムを持ってきてくれた人もいた。そこには、懐かしい若き日の私の写真があった。

こんな話も聞いた。あの頃、3年生が引退し、次の部長を決めるために、2年生全員に"3日部長"をやらせていた。やってみないと、自分が部長をできそうかどうかわからない。部長をやってみれば部長の苦労もわかる。その日の部長には、職員室の私のところに来てもらい、その日の練習メニューを渡して話をするようにしていた。そうすると、いろいろなことがわかる。

ある女子生徒が、今でも自分が3日部長を務めたときの練習メニューの紙を持っているという話をしてくれた。その生徒は、部長にはならなかった。ゼッケンといい練習メニューの紙といい、部活動の力はすごいと思い知らされる。

校長室だよりNo.841「高澤組」(2023.9.9)

◇高澤組その2

　都合がつかず参加できなかった人とは、LINEのビデオ通話や電話で話をした。ビデオメッセージもあった。そこには、中学時代の私からの一言が、その後の人生に影響を及ぼしていることが語られていた。中には、これからステージに向かおうというプロのダンサーもいた。きっと、中学校と高校の部活動での経験が、今の彼女を支えていると思った。

　最初の代や次の代のメンバーは、後輩たちが東北大会や全国大会に出るようになってうれしいという話をしてくれた。私からは、あなた方のがんばりがあったからこそ、その後の後輩たちの活躍があったんですよという話をした。実際にそうなのである。

　ある人と話した。試合で勝つことを目標にしてはいたが、本当のねらいは、人間形成を目指していたという話をした。すると、「先生、それはわかっていましたよ」と返ってきた。何だかうれしかった。

　ある人はこんなことを聞いてきた。
「先生は、なんであのとき自分を部長にしたんですか。〇〇か〇〇だと思っていました」
「確かにテニスがうまかったのは〇〇だったなあ。人間性であなたにしたと思うよ」

その人は涙ぐんでいた。

　森合のテニスコートから夜の会まで、ずっと写真を撮ってくれている人がいた。映像の仕事をしているとのことだった。わずか3か月の最初の代の生徒である。後日、200枚を超える画像が送られてきた。そこには、歳のわりには動けている私が写っていた。ありがたい。いい記念になる。

　会の最初に、W君からあいさつがあった。私が、今年度で60を迎え、退職するということで集まってくれたそうだった。感激である。60という年齢はそういうことなのかと初めて意識することとなった。

　私のあいさつもあった。

「この会の名前が、あの辛かった日々を1日だけ思い出そうの会となっていますが、間違っていると思います。あの楽しかった日々だと思います」

　全くうけなかった。たくさんの教え子たちといろいろな話をした。やっぱり部活動はいい。

　企画してくれたW君は、サプライズを仕組んでくれたのである。心憎い演出である。W君の担任は、3年間私である。部活動の顧問も3年間私である。いいのかわるいのか。W君のLINEには、「忙しい毎日ですが、これまでの人生の中で、今が一番楽しく充実していると感じています」とあった。教え子たちが、元気でいてくれること、それだけでうれしいものである。

　思いがけず、よい機会に恵まれた。すべては教え子たちのおかげである。どうしてこんなにいい人たちがそろっていた

のだろう。今は、そう思う。私は、ずいぶんと恵まれていたようである。高澤組のみなさん、ありがとうございました。また、集まりましょう。

　　　　　校長室だよりNo.842「高澤組その2」（2023.9.10）

◇人を育てる聖光学院高校野球部

　聖光学院高校野球部といえば、今では甲子園の常連校である。ここには、県外からも多くの選手が入ってくる。あまり知られていないが、スカウト活動はしていない。そのためか、高校時代に話題になるようなすごい選手というのは、ほとんどいない。だが、ここ数年、聖光学院高校野球部を出て、その後の活躍が認められ、プロに進む選手が出てきた。

　その一人が、阪神タイガースの湯浅京己選手である。今年3月に開催されたWBC2023で侍ジャパンに選出され、リリーフ投手として活躍し、優勝に貢献した。それまでは、申し訳ないが、湯浅選手が聖光学院高校野球部出身であることを知らなかった。

　湯浅選手は、聖光学院高校ナインに憧れ、三重県尾鷲市の中学校から聖光学院高校野球部に進んだ。しかし、成長痛による腰の痛みで入学直後から練習ができず、1年半もの間、マネージャーを経験した。横山博英部長の野球にふれさせたいとの計らいからだった。本人は複雑な思いだっただろう。「野球がしたくてこの学校に来たので、マネージャーはやり

たくなかった。いろいろ考えて、治ったときに選手復帰させてもらえるならやりますと答えました」と湯浅選手は言っている。

　体がある程度成長すれば痛みはなくなる。それまでは自分にできることをやろう。試合のスコア書きや練習の合間に食べる食事用の米とぎなど、チームのためにあらゆることをした。外から野球を見たことで収穫があった。

　高校２年生の秋、新チームに移るタイミングで練習に復帰できた。野手として入学したが、卒業まで１年あまりしかない。部活動ができる期間は短い。以前経験したことのある投手への思いは捨てていなかった。後悔しない選択をしたい。出した答えは、投手への挑戦だった。自ら斎藤智也監督に願い出た。

　斎藤監督は、湯浅選手が投手として投げる姿を初めて見たとき、「ものになる」と感じた。湯浅選手は、それまでの時間を取り戻すように全力で練習に励んだ。高校３年生の春に公式戦デビューを果たした。高校最後の夏は、福島県大会に投手として出場した。この頃になると、球速はチーム最速の145キロをマークしていた。

　しかし甲子園ではベンチを外れた。このままでは終われない。高校卒業後、１年でNPB入りできる独立リーグ、富山GRNサンダーバーズに入団し、すぐにローテーション入りを果たした。そして、その年のドラフト会議で阪神に指名された。

　斎藤監督は、「ひたむきで謙虚な好青年が、人がしない経

験を耐えてここまで活躍するようになった。あとはけがさえしなければ」と温かく見守る。湯浅選手は、痛み、けがなどの数々の困難を乗り越え、自分の力に変えた。これだけの不遇の時間を高校生で乗り越えていくのは、並大抵の精神力ではむずかしいだろう。湯浅選手は、何を持っていたのか。それが「信念」ではないか。信念を持って自分の道を進む強い心である。

　聖光学院高校野球部から直接プロの道に進むのはすばらしいことである。だが、高校卒業後に、さらに力をつけ湯浅選手のようにプロの世界に入るのも、非常に価値のあることである。聖光学院高校野球部は、野球という競技を通じて、人を育成しているように思えてならない。

　　　　　　　　校長室だよりNo.923「信念」(2023.12.13)

本に学ぶ

◇私を形作った読書

　私の読書人生のスタートは、『巌窟王』である。この本はアレクサンドル・デュマ・ペールの小説『モンテ・クリスト伯』の日本版である。小学生の時に本屋さんに行って母親に買ってもらった本である。数時間で一気に読んでしまった記憶がある。読み終わったときには部屋が暗くなっていた。明かりもつけずに夢中で読んでいた。

　この『巌窟王』に出合って以来、本というものに興味をもつようになった。兄の部屋に『国盗り物語』という分厚い本があった。あまりにも厚いため読めるのかどうかわからなかったが、とりあえず読み始めたところやめられなくなり、これも一気に読んでしまった。作者は、司馬遼太郎という人だった。この人が有名な作家であることは後で知った。

　中学生になり、私はソフトテニス部に入った。冬になると雪が積もりテニスコートが使えなくなる。部活動は走るだけとなった。帰宅時間も早くなった。かといって勉強をするわけでもなく、することがなかった。おかげで自然と本を読むようになった。

　だが、如何せん中学生はお金がない。仕方なく数百円で買

える文庫本に手を出すようになった。それもあまり厚くないものに。私にうってつけの本があった。それが、星新一のショートショートというジャンルのものである。小説の中でも特に短い。なおかつ不思議かつ意外な展開と結末が待っている。一冊にいくつかの話が収録されている。だから、短い時間で一つの話を読み終えることができた。

　私の習性なのだが、一つ二つと手に入れると、すべてそろえたくなる。結局、星新一のショートショートはすべて読んだ。加えてそれ以外のエッセイなどもすべて読んだ。気がつくと、文庫版の星新一を制覇していた。

　私にとっての次なるターゲットは、かの夏目漱石だった。あの当時、文豪夏目漱石は私にとって読まなければならないという位置づけだった。前期三部作の『三四郎』『それから』『門』を読んだ。『吾輩は猫である』や『坊っちゃん』という代表作に浸ったのはその後だった。仕上げは後期三部作だった。『彼岸過迄』『行人』『こころ』である。結局文庫版夏目漱石も制覇してしまった。私にとってのナンバーワンは迷わず『こころ』である。この作品には時代を超えた魅力がある。夏目漱石はすごいのである。

　夏目漱石によって小説への目を開かせてもらった私は、その後も有名な作家の作品を次から次へと読んでいった。おかげで私の部屋の本棚は文庫本だらけになってしまった。中学1年生までは冬期限定の読書だったが、2年生になると春から秋までのテニスシーズン中も本を読むようになってしまった。当然のごとく勉強はしない。だが、それでよかったと思

っている。各教科の勉強に勝るとも劣らない大切なものを読書から得ることができた。読書が、今の自分を形作ったと言っても決して言い過ぎではない。

　　　　校長室だよりNo.44「私をつくったもの」（2020.1.21）

◇困難は分割せよ

「困難は分割せよ」

　この言葉を聞いて、どのくらいの高校生が反応するだろうか。「ルロイ修道士」と言えば思い出してくれるだろうか。

　中学３年生の国語の教科書に『握手』という小説がある。井上ひさしさんの短編小説集『ナイン』にも収められている。この作品に、ルロイ修道士の教えとして「困難は分割せよ」という言葉が出てくる。

　物語は、東京の上野にある西洋料理店（精養軒）で、主人公である「わたし」がかつての恩師である「ルロイ修道士」と待ち合わせるところから始まる。わたしはルロイ先生が園長を務める児童養護施設で過ごしていた。ルロイ先生は、故郷であるカナダへ帰国する前に、かつての教え子たちにあいさつをして回っているという。

　ルロイ修道士は、かつて施設の子どもたちの間で、「握手をすると２、３日は鉛筆を握れなくなる」と恐れられるほどの力強い握手をすることで知られていたが、久々の再会で差し出された握手には既にその力強さはなかった。

ルロイ修道士は、かつての園児たちの近況を語り、わたしに対してかつて平手打ちをしたことを謝罪する。わたしは、園長から配給された靴下や下着を闇市に売り、園内の鶏舎にいたニワトリを勝手に売りさばくなどして工面した費用で、仙台にあった施設を無断で抜け出した。東京で映画鑑賞と観劇をし、施設に戻ったところでルロイ先生の平手打ちをくらっていた。

　わたしは、ルロイ修道士が自身の注文したプレーンオムレツに対し、切る動作をするだけで全く口にしようとしないところを見て、このあいさつ回りが死期を悟ったルロイ修道士の「この世のいとまごい」であると気づく。

　ルロイ修道士は仙台の修道院でこの世を去った。葬式でわたしはルロイ修道士の体が腫瘍の巣になっていたことを知り、無意識にルロイ先生の癖であった指言葉をしてしまう。それは「お前は悪い子だ」を意味する指言葉だった。

　このような話である。心に残る作品なので、覚えている生徒も多いことだろう。先日、知り合いの高校国語教員の方からのメールに、ルロイ修道士と「困難は分割せよ」という言葉が出てきた。それで思い出した。そして、考えた。今こそ、ルロイ修道士の言葉が生きてくるときである。次から次へと目の前に現れる問題をひとつひとつ解決していく。まさしく「困難は分割せよ」である。

　この言葉は、フランスの哲学者であるデカルトの言葉でもある。この世の中で、この言葉を最も実践した人のひとりにビル・ゲイツがいる。彼は、「問題を切り分けろ」と言って

いる。新型コロナウイルスだけではない。大雨、台風、そして地震などの自然災害、経済問題、政治問題など、我々の眼前には容赦なく困難が迫ってくる。それでも逃げるわけにはいかない。前に進むしかない。

　私の場合は、昔から仕事など困難なことが一度に押し寄せてくると、決まって心の中で「ひとつ、ひとつ」と言い聞かせてきた。誰に教わったわけでもない。自然と身に付いていた術である。どんなに多くの困難があったとしても、ひとつひとつ解決していけば、そのうちに終わる。もうだめだと思っても、本当にだめだったことは一度もない。だから、こうして教員を続けている。

「困難は分割せよ」

　若い皆さん、ルロイ修道士の言葉を胸に、力強く一歩一歩前に進んでいこうではないか。

　　　　校長室だよりNo.157「困難は分割せよ」（2020.7.17）

◇伊集院静

　伊集院静さんは、私の好きな作家の一人である。その文章に影響を受けている。伊集院さんのエッセイのような文章を書きたい。そういった思いがある。

　以前、よく仙台に行っていた。文章からイメージできる伊集院家の場所があった。そして、そのうち伊集院静さんと奥様の篠ひろ子さんに会えるのではないかという勝手な妄想が

始まる。

　ふとしたことから、妄想は現実へと向かうことになる。私の大学時代の友人から、伊集院静夫妻がよく通っている中華料理店を教えてもらった。その店の前はよく通っていた。すぐに場所はわかった。中華料理「謝謝シェシェ」というお店である。早速スマホで検索してみると、口コミに伊集院静がよく来るとあるではないか。これは間違いない。

　いよいよ、妻と娘を連れて「謝謝シェシェ」に行くことにした。伊集院静さんと篠ひろ子さんがいたらどうしようと勝手にドキドキしながらお店に入った。そんなに事がうまく運ぶはずもなく、お二人はいなかった。

　ここのメニューがおもしろかった。料理の写真ではなく、絵が描かれてある。そして、いくつかのメニューには、「伊集院さんおすすめの野菜炒め」「元春先生おすすめの○○」などとある。もう間違いない。私は、看板メニューの「麻婆チャーハン」、妻は「伊集院さんおすすめの野菜炒め」をオーダーした。

　私は、ちょっと勇気を出して、若い女性の店員さんに「伊集院さんはよく来るんですか」と聞いてみた。「はい、半年に１回くらい」との答えが返ってきた。そして、さらに勇気を出して、会計の際に、また同じ店員さんに「伊集院さんは、どのへんに住んでいるんですか」と聞いてみた。すると、「この近くです」とのお答え。この店員さんはあまりわかってはいないなと感じたが厨房のご主人にまで声をかけるほどの勇気はなかった。

私は、メニューを見てずっと気になっていたことがあった。それは「元春先生」である。メニューには６人ほどのお名前があったが、先生は「元春先生」だけだった。あとは「〇〇さん」だったのである。私は、もしかしてと思い、「元春先生という方の苗字は何ですか」と聞いてみた。女性の店員さんは、わざわざ厨房に行き、店のご主人に聞いてくれた。
　すると、シェフであるご主人が出てきてくれて、「なんだっけな。ハガだっけかな」。
　私が、「アリガではないですか」と言うと、「そうそう何で知ってんの」とご主人の反応。
「画家の有賀元春先生ではないですか」
「そうだよ」
「昔、福島にいたことはないですか」
「そうだよ。よく知ってんな」
「私、学生の時に、有賀先生のレストランでバイトしていたんです。ピントールの家という」
「へえ、そうなの。よくうちに来てくれるんだ。ほら、こっちの部屋にいっぱい絵があるよ。全部もらったんだ。今は、この絵の所にいるよ。長野県の、何だっけな」
　すると、絵を見ていた妻が、「安曇野ですか」。
「そうそう。うちに来ると、このテーブルでササアと絵を描いてくれるんだ。おれの顔は描きやすいんだと。有賀先生の奥さんの絵もあるよ。あの花の絵。奥さんは苦竹（仙台市）の人なんだよ。有賀先生の絵のお弟子さんで、先生とは二回りくらい違うな。あの先生、変わってるから。もてるんだよ

な。おれはもてないけどな」
「芸術家はもてますもんね」
「そうだろ、やっぱり」
「伊集院静さんは、よく来られるんですか」
「月に１回は来るよ。奥さんと女中さんと３人で来るな」
「犬は連れてこないですか」
「そう、何でも知ってるな」
「作品を読んでいると、犬がよく出てきますから」
「店に来ると、いつも本を置いていくんだ。おれは読んだことないけどな」
「お宅はどのへんですか」
「館４丁目だよ。バス停の前の角の大きな家だよ」
「ああわかります」
「いつも野菜炒めを頼むんだよ。もやしが好きなんだな」
「そう思って野菜炒めを頼みました」
「ほんとに何でも知ってるな」
「いやいやメニューに伊集院さんおすすめとありましたから。また来ます。おいしかったです。ありがとうございます」
「おおまたな」

　なぜ、この店に有名な方が来るのかがわかった。味もそうであるが、ご主人の人柄がいいのである。
　私は学生時代に様々なアルバイトをした。一番継続して長くバイトをしたのが、今はなくなってしまった「ピントールの家」という西欧風レストランである。福島駅西口エリアにあった。「ピントール」とは、スペイン語で画家という意味

である。オーナーは、画家の有賀元春先生と女性であった。さすがにオーナーが有名な画家だけあって、ここには、いろいろなお客さんが来た。有名人も来た。私は多少緊張しながらコーヒーを出したことを覚えている。

　伊集院静さんと篠ひろ子さんが住む家は、あっけなく判明してしまった。後日、有名作家と元有名女優のお宅を探してみると、すぐに見つかった。イメージ通りの大きな家であった。予想通り表札はなかったが、玄関に「I LOVE NOVO」とあったので、すぐにわかってしまったのである。NOVOとは伊集院夫妻の愛犬の名前なのである。この犬のことがよほど好きなことは、作品を読んでわかっていた。私に有力情報をもたらしてくれた大学時代の友人に謝謝（シェシェ）である。

校長室だよりNo.223「伊集院静」（2020.10.30）
No.225「伊集院静その２」（2020.11.4）
No.226「伊集院静その３」（2020.11.5）

◇併読のすすめ

　皆さんが今読んでいる本は、どんな本だろうか。私は、ここのところ７冊の本を読んでいる。７冊を併読している。

　私は、このスタイルを教頭時代から始めた。それまでは、１冊の本を読み切ってから次の本を読むようにしていた。それが当たり前だと思っていた。ところが、単身赴任のテレビ

がない生活の中では、1冊の本を読み切ることができず、途中で眠くなってしまう。たぶんさほど興味がないジャンルの本を読んでいたからだと思う。

あの頃の私は、「生き方」「哲学」「人生論」「リーダー論」「人間力」等の分野に手を出し始めた。当然眠くなる。そこで、眠くなる前に、違う本を読むようにした。すると、5〜6冊の本を併読するスタイルに落ち着いたわけである。

併読という読書スタイルについて確認しておく。「併読」とは、その名の通り数冊の本を同時期に少しずつ並行して読み進めることである。例えば、本がA、B、Cと3冊あったとする。普通に読む場合は、Aを読破する、Bを読破する、Cを読破するというふうに順番に読んでいくのが定石であろう。中途半端なまま投げ出すのは、なんだかよくない気がするので、このようにする方が多いかと思う。

しかし、併読では、Aをちょっと読む、Bをちょっと読む、Cをちょっと読むをぐるぐる繰り返して、そのうちA、B、Cのいずれかを読み終わり、残りも同じように読んでいくというスタイルである。この際には、章とか節が大変役に立つ。併読する本の数は個々人によってそれぞれである。人によっては10冊くらい並行して読み進める場合もある。

では、普通に順番に読むよりも併読の何がいいのかという話になるが、私はこう考える。

まず、集中力が切れにくくなる。ページ数が多かったりする大作を読むと、やはり疲れる。疲れると内容が入ってこなくなるので、いくら充実した内容の本であっても、これでは

読む意味がない。そこで、一つの章や節を読んだらやめる。そして別の本にいく。また戻って次の章や節を読む。こうすると、集中力が切れずに少しずつ読むので、内容を落とすことなく確実に読破できる。

次に、読むペースが上がる。というのは、読む本を短時間で換えることで頭をリセットできるので、また新鮮な目で集中できるようになる。また、乱読気味に読んでいくと、併読と乱読の相乗効果も期待できる。

外山滋比古氏の本に『乱読のセレンディピティ』というものがある。「セレンディピティ」とは、「素敵な偶然に出会ったり、予想外のものを発見すること。また、何かを探しているときに、探しているものとは別の価値があるものを偶然見つけること」である。皆さん、少なからずこういった経験がおありではあるまいか。

ちなみに、皆さんは「ポモドーロ・テクニック」という時間管理術をご存じだろうか。短めの作業と短い休憩を繰り返す方法である。具体的には、「25分の作業＋5分の休憩」を1ポモドーロとし、4ポモドーロ（2時間）ごとに30分間の休憩をとる。

ポモドーロとは何か。ポモドーロとはイタリア語でトマトのことである。これは発案者のイタリアの起業家で作家のフランチェスコ・シリロが学生時代に愛用していたトマト型のキッチンタイマーからきている。この方法は、エンジニアやデザイナーなどクリエイティブで高い集中力が必要な人を中心に取り入れられている。

学校の試験勉強や高校・大学の受験勉強でも、同じようなことをしている人は多いのではなかろうか。「ポモドーロ・テクニック」のことは知らなかったが、私も昔同じようなことをやっていた。ただし、私の場合は、２ポモドーロで終わってしまうところが、自分でも残念な人だと思う。読書にも活用できる方法だとは思うが、休憩するよりは、別の本を読むようにする併読のほうがいいように思う。

　併読について述べてきたが、何が何でもこのスタイルに固執しているわけではない。読んでいくうちに、おもしろく、集中力が持続する場合には、一気に読んでしまうこともある。事実、一気に読んでしまった本もたくさんある。それは小説に多い。要は、あまり気合を入れずに、飽きたら別の本を読むということである。結果的に、併読にもセレンディピティが起こると感じている

　　　　校長室だよりNo.275「併読のすすめ」（2021.1.21）

◇ときには漫画も

『ゴルゴ13』言わずと知れた人気漫画作品である。読んだことがない人でも、なぜか知っている作品であろう。インパクトのある主人公は、見たことがあるはずである。

　以前から不思議だったことがある。いろいろな飲食店などに行くと、漫画本が置かれてあることがある。どんな作品が多いかというと、私の印象では、一番が『ゴルゴ13』なので

本に学ぶ

ある。いったい誰が読むのか。昔はそう思っていた。

　ところが、何気なく『ゴルゴ13』を手にしている自分に気がついた。そうか、こうやって読む人が一定数いるということか。長年の疑問が解決したような気がした。若い頃は見向きもしなかったが、今では何となく読んでしまうことが多い。そして、読み出すと、一話完結型のため、読みやすい。次が気になって仕方がないというわけでもない。

　何が魅力なのか。現実ではありえないであろう設定だろうか。暗殺者、スパイ、謎だらけの主人公であるデューク東郷、あまりにも現実にはありそうもないところがいいのかもしれない。私は、もともとスパイものは嫌いではない。「007」などは好きである。ストーリーもあるが、スパイへの憧れもあるのだろうか。男性は、ハードボイルドに憧れるものである。

　ゴルゴ13ことデューク東郷、通称Gは暗殺者である。当然、非合法である。だが、悪いことをしているようには感じられない。そこもいいのかもしれない。Gの正体はバレそうでて、なかなかバレない。これは、よくある設定である。読者は、謎の人物に惹かれる。

　作品の生みの親である「さいとう・たかを」さんが亡くなられた。1968年から連載中であり、コミック本は200巻を超える作品を世に出した人である。もはや伝説の人、レジェンドである。作品には、世界情勢や技術の進歩、社会問題が如実に反映されていた。その点でも、この作品が多くの人に与えた影響は大きい。

　作品には、ゴルゴ13ことデューク東郷による名言が出てく

る。例えば「誇りは気高いが、過剰になれば傲慢だ」あるいは「俺がうさぎのように臆病だからだ……が……臆病のせいでこうして生きている」他にも「子供が産まれたら子犬を飼うがいい、犬は子供より早く成長して、子供を守ってくれるだろう。そして子供が成長すると良き友となる。青年となり多感な年頃に犬は年老いて、死ぬだろう。犬は、青年に教えるのである、死の悲しみを」

これからも、何気なく読む『ゴルゴ13』を楽しみにしたい。

一方、好んで読んでいる人気漫画がある。『キングダム』である。秦の始皇帝にまつわる物語である。相変わらず、なかなか進まない。6つの国を滅ぼさなければならないのに、未だに一つも滅ぼしていない。

秦の始皇帝は、紀元前221年に戦国の六雄を滅ぼし、はじめて中国全土を統一した。彼は、2000年以上にも及ぶ文書行政によるエリートが支配する中央集権国家という中国のグランドデザインを確立した人物である。

その始皇帝が最後に執着したのが不老不死であることは知られている。先進国の中で世界一の平均寿命を誇る日本は、始皇帝が夢に描いていた理想に近づいている。しかも、人口トップ10の国々の中で平均寿命トップ10に入っている国は他にはない。

始皇帝が望んだ不老不死は無理だとしても、健康寿命を延ばすことはできる。長生きはできても元気がなく、思うように動けない生活になっては始皇帝もうれしくはないだろう。

文章もいいが、漫画にも魅力がある。『キングダム』をは

じめとして、自分の人生を豊かにするためにも読んでいきたい。

校長室だよりNo.457「ゴルゴ13」（2021.11.16）

◇教学半

「教学半」と書いて、「きょうがくなかばす」と読むのが一般的である。孔子の「書経」に出てくる言葉である。原文（白文）は、「教学半。」であり、書き下し文は、「教うるは学ぶの半ば（なり）。」である。

「人に何かを教えることは、その半分は自分にとっても勉強になること」という意味である。教えることは学ぶことであり、学ぶことによって教えることができるという意味である。インプットしただけでなく、アウトプットすることで初めて効果があると言われる。

人に教えるために内容を確かめるなど学び直すことで、自分の中で理解を深めるきっかけにもなる。また、相手からの疑問や質問により、新しい視点を得ることもでき、自らの成長につなげることもできる。あるいは、教えられるようなレベルにならないと、本当に学んだことにはならないという意味で使われることもある。

自分では理解したと思ったことを、相手に説明しようとしたとき、うまく伝わらないことがある。質問されて、思ったほど自分の理解が進んでいないことを思い知らされることも

ある。こういったことは、今までに何度もあった。

　自分で理解できていないと思う言葉は使わないようにしている。例えば、もう随分前になるが、「メタ認知」という言葉を知った。解説を読むのだが、わかったようなわからないような、何だか釈然としない。

　そのうち、この言葉を使う人が増えてきた。私には、ある疑問が浮かんできた。この人たちは、本当に意味がわかって使っているのか。その後も、わかったようなわからないような言葉を次から次へと聞くこととなる。「見取る」「見える化」などである。さも、その言葉を使うことがステータスであるかのようになっている。

　多くの先生方が使う言葉に「学び」がある。これも気になる。あまりにも安易に使いすぎる。学びというものは、そんなに簡単なものではない。

　こんな感じなので、私は、未だに「見取る」も「見える化」も使わない。「学び」さえ使わない。どれも、違う言葉を使って説明している。違う言葉に置き換えている。

　ところが、「メタ認知」は使うようになった。ここまでくるのに、20年以上を要した。あるとき、急に腑に落ちたのである。そういうことかと。確か「振り返り」の勉強をしていたときだった。「隠れたカリキュラム（ヒドゥン・カリキュラム）」もそうである。20年以上の歳月を経て、ようやく使うようになった。

　「教学半」のためには、知ったかぶりをしないことである。わかったような気にならないことである。常に自問自答であ

る。「お前は、本当にわかっているのか」と。また、その言葉を相手に合わせて翻訳できるかである。翻訳できて、ようやく人に教えることができる。大事なのは、謙虚に学ぶ姿勢であろう。

校長室だよりNo.683「教学半」（2023.1.11）

◇ヘミングウェイ

　6歳上の兄がいる。私が中学校に入ると、兄は東京の大学に行ってしまった。そこからは、一人っ子のようなものである。兄の部屋には、荷物だけが取り残された。主を失った部屋は寂しげだった。兄の部屋に入ってみた。そこは、大人への入口のように思えた。

　本棚に目がいった。そこには、高校生向けの参考書や問題集、そして小説などの文学書が何冊も並んでいた。「日本史」というタイトルが目に飛び込んできた。手にとってみた。重い。読んでみると、歴史のことがよくわかった。おもしろい。中学校の歴史が、いかにあっさりしているかがよくわかった。それから、時折、その「日本史」のお世話になった。かといって、自分の部屋には、その本を持っていかなかった。兄の部屋で読むのがよかった。

　本棚を飾る分厚い本の中に『老人と海』があった。アメリカの作家であるアーネスト・ヘミングウェイによる小説である。巨大な魚と老漁夫の死闘の物語である。誇り高い人間の

栄光と悲劇を描いた名作である。むずかしそうで、果たして中学生の自分に読めるものなのかがわからなかった。やや緊張しながらも、とりあえず読み始めた。すると、一気に読み切ってしまった。おもしろいとは思ったが、今までに味わってきたおもしろさとは違うものを感得した。海外文学というジャンルに飛び込み、少し大人になったような気がした。

　先日、何気なくテレビを見ていたら、突然、ヘミングウェイの名言が出てきた。急いで、スマホで撮った。

**　人よりすぐれていることが立派なんじゃない。**
**　過去の自分よりすぐれていることが立派なんだ。**

　名言中の名言である。さて、自分はどうなのか。過去の自分と比べてどうなのだろうか。すぐれている部分もあれば、そうでない面があることも否定できない。なかなかむずかしいテーマである。だが、過去の自分を超える自分には魅力がありそうである。これならば、年齢を重ねた後でもチャレンジできる。

『日はまた昇る』『武器よさらば』も読んだ。兄は、ヘミングウェイが好きだったに違いない。私の本格的な読書人生の土台は、兄の部屋で培われたものにちがいない。

　　　　校長室だよりNo.767「ヘミングウェイ」（2023.6.8）

◇うさぎとかめ

　うさぎとかめの童話がある。あまりにも有名である。ある人が言った。
「うさぎとかめの童話があるだろう。うさぎは、どうしてのろまなかめに負けたのか、言ってごらん」
　皆さんなら、何と答えるだろうか。
「うさぎにはいつでも勝てると油断があったのです。人生は油断をしてはいけないという戒めです」
　こう答える人も多いだろう。
　ある人は、こう話した。
「かめにとって相手はうさぎでもライオンでも何でもよかったはずだ。なぜなら、かめは一遍も相手を見ていないんだよ。かめは旗の立っている頂上、つまり人生の目標だけを見つめて歩き続けた。一方のうさぎはどうだ。絶えずかめのことばかり気にして、大切な人生の目標をたった一度も考えることをしなかったんだよ。賢いかめになって歩き続けなさい」
　さらには、「どんな急な坂道があっても止まってはだめだよ。苦しいときには、ああ何と有り難い急な坂道なんだ。この坂道は俺を鍛えてくれているのではないか、と感謝しなさい。有り難いというのは、難が有るから有り難いんだよ」と話した。
　うさぎとかめの話は、イソップ寓話にも収められている。日本で一般的に知られるようになったのは、明治になって教科書に採録されてからである。明治時代の初等科の国語の教

科書には、「油断大敵」というタイトルで掲載されていた。この話は、日本の童謡にもなっているため、広く知られている。

　この話には、「負けうさぎ」という続きもある。かめに負けたうさぎは恥さらしだということで、うさぎの仲間から追われてしまう。しかし、そのうさぎたちをねらうオオカミを知恵を使って撃退し、名誉挽回するという話である。

　寓話には、教訓めいたメッセージが入っている。自信過剰で物事に取り組んではいけないこと、コツコツとまじめに努力することの2つは、よく言われることである。加えて、競争相手ではなくゴールを見ることも入る。目先のものだけを見るのではなく、自分が何を目指しているのかを考えることが重要であるということだろう。この話には、他にも様々な教訓があると言われている。

　同じ話でも、考え方によっては、深いメッセージとなる。子どもでもわかるようなシンプルなストーリーに見えて、実は複数の考えさせられる教訓などが隠されている。ものの見方や考え方を鍛えられる話である。中学生に考えさせたら、どのようなものが出てくるだろう。機会があったら、考えさせてみたい。

　　　　　校長室だよりNo.774「うさぎとかめ」（2023.6.19）

◇夏目漱石『こころ』

　郡山の書店に行った。文庫本コーナーに行ってみた。「新潮文庫の100冊」が並んでいた。ある本を探した。夏目漱石の『こころ』である。最初は見つけられなかった。「あれっ、100冊から外れたか」と思った。そうしたら、表紙が白一色で、何のイラストやデザインもない本があった。タイトルも小さめの文字で『こころ』と書かれてあった。これが、かえって、この本を際立たせていた。

　手に取ってみた。何か特別な本のように思えた。裏表紙を見た。本体370円とあった。安い。40数年前に読んだ頃と比べて、さほど上がっていないのではないか。多少驚いた。いまや、ラーメンを食べるのに1000円が必要な時代である。文庫本の値段はすごい。

　大事にレジに持っていった。「カバーをおつけしますか」「お願いします」と丁寧に答えた。家を探せば、昔の文庫本は出てくるだろう。引っ越しの度に、文庫本『こころ』は荷物の選別作業を勝ち残ってきている。処分できない存在なのである。それでも、新しいものを購入した。新たな気持ちで、『こころ』と向き合うためである。

　読み始めようとして、やめた。どうせならと、ある実験をすることにした。電子書籍と比べてみることにした。まずは、スマホで読み始めた。何の問題もなく読める。これならば、通勤電車の中で読むにはいいのではと感じた。近い将来、車の自動運転が実現すれば、車の中でも読めるかもしれない。

そんなことを考えた。スマホで30ページほど読んだ。

次に、文庫本で読んだ。もちろん、内容に変わりはない。文庫本特有の本の匂いがするかと思ったが、それはなかった。あのページをめくるよさを感じることができた。次のページには、どんなことが書かれてあって、どんな展開が待ち受けているのだろうというワクワク感である。早く読んでページをめくりたいという欲求である。スマホでは、こうはいかない。何だか味気ない。次のページに向かう気持ちが薄まる。

昔、まだ若かった頃、生徒に「小説は、おもしろくないと思っても50ページは我慢して読んだほうがいい。すると、急におもしろくなってくることがある」などと話していたことがあった。今回もそうだった。いくら読んでも、さっぱりおもしろくはない。だが、私の場合は、この後の展開を知っているため、読み進めることができた。

今の高校生は、どうなのだろう。『こころ』を読むことができるのだろうか。鎌倉の海岸で出会った先生という主人公の不思議な魅力にとりつかれた学生の眼から、間接的に主人公が描かれる前半は、さほどおもしろいとは思えないのではなかろうか。しかし、この前半を読まないと、後半の主人公の告白体との対照のよさはわからない。後半は、一気に読者を作品に没入させる。これが、夏目漱石である。明治の知識人である。日本を代表する国民的作家である。

きっと、40数年前の私は、今とは違った心持ちだったのだろう。日本の文豪の作品を次々に読んでいたときである。夏目漱石の『こころ』も読まなければならないものだったに違

いない。長い時を経て、再び『こころ』と相対した結果、昔の自分に会えたような気がした。

校長室だよりNo.904「こころ」（2023.11.20）

◇追悼

　私が文章を書く上で、強く大きな影響を受けてきた伊集院静さんが、11月に、この世を去った。突然のことだった。2020年1月に、くも膜下出血で緊急搬送された。手術の後、3月には、後遺症はなく仕事の再開を表明している。あのときは、それまでメディアに出ることがなかった妻の篠ひろ子さんが、「必ず復帰してもらい、また作品を書いてもらいます」と力を込めてコメントしていたのが印象的だった。奥さんの願いが通じたのだろう。

　10月から肝内胆管がんで闘病していたことを知らなかった。テレビで訃報を知った。しばらくぼおっとしていた。そこから、全11冊を読んできている「大人の流儀」シリーズや何冊か読んだ小説のことが思い浮かんだ。

　中でも、一番影響を受けたのが『それでも前へ進む』である。2011年8月のことだった。JR東日本の車内誌「トランヴェール」で伊集院静さんのエッセイと出合った。心を動かされた。涙した。そこから、毎月、伊集院静さんのエッセイを楽しみにするようになった。『それでも前へ進む』は、「トランヴェール」歴代人気ナンバーワンの連載「車窓に揺れる

記憶」が単行本になったものである。

　トランヴェールのエッセイに読み浸り、ふと、あるとき考えた。これだけの文章であれば、きっと書籍化されているはずだ。そう信じ書店に向かい、ウロウロと探し回り、『それでも前へ進む』を見つけたときの感動は忘れられない。「あった。やっぱりあった」。

　妻の篠ひろ子さんは、「強がりを言って誰にも会わずに逝ってしまった主人のわがままをどうかお許しください。最期まで自分の生き方を貫き通した人生でした」とコメントを発表している。仙台のご自宅には行ったことがある。もう一つ、行ってみたいところがある。伊集院さんが東京の定宿としていた山の上ホテルである。そのうち、行ってみようと思う。

　伊集院さんの文章が、人の心を打つのは、胸に響くのは、きっと、胸の内に哀しみを温めているからであろう。まだ10代だった弟さんの死や前妻である夏目雅子さんの死が、その根底にあるのだと思う。だから、伊集院さんの文章はやさしくもある。

　伊集院さんの生き方は、ぶれない、そして逃げない。そこに憧れる人も多い。かつて、「毎日のことに一生懸命だったから、休まない、仕事し続ける、遊び続ける」と話していた。すべてに全力投球の人生だった。また、死生観に関しては、「生きるのは束の間、死ぬのはしばしのいとま」と言っていた。

　実は、11月24日の訃報に接した後、1週間ほど、この校長室だよりを書かなかった。こんなことは、今まではなかった。

喪に服していたわけではない。どうも書く気になれなかった。気分的なものだろう。12月が近づき、再びキーボードと向き合うことにした。自然と体が動いた。そして、毎日の執筆活動が再び軌道に乗ったところで、この原稿である。タイトルを「追悼」とした。

　我が家には、ちょっとした伊集院静コーナーがある。これから、このコーナーの蔵書が増えていかないのかと思うと、やはりさびしい。残念である。だが、いつまでも書籍は残る。これからも時折、読み返して伊集院静イズムを味わいたい。そして、伊集院静さんの文章への憧れを抱きながら、これからも、自分なりの文章を書き続けていきたい。

　　　　　　　　校長室だよりNo.922「追悼」（2023.12.12）

言葉に学ぶ

◇心のスタミナ

　先日、何気なくテレビを見ていると、ある人が「心のスタミナ」という言葉を使っていた。

　現代のように困難な時代を生き抜くためには、相当な心のスタミナが必要だと考える。新型コロナウイルス感染症の影響もあるが、これからの時代では、心の管理は避けて通れない課題だと思う。

　心のスタミナは、精神力とはニュアンスが違う。精神力というと、耐えるという意味合いが強いように思うが、心のスタミナは、もっとしなやかで強いものである。

　具体的な場面で考えてみる。あなたが会議で何か発言をしたとする。すると、誰かが面と向かって批判をした。心臓の鼓動が速くなり、血圧が上がる。身構える。なぜなら怖いからである。自己防衛システムが働き戦闘態勢に入ろうとする。ここでスタミナがない人は、身構えから抜け出せない。自分を守るために、相手の批判にそうじゃないと反射的に反論してしまう。

　一方、スタミナがある人は、批判に耳を傾けることができる。戦闘態勢ではないので相手と対話ができる。

言葉に学ぶ

　最近では、物の時代から心の時代へと移りつつあるという話をよく耳にする。自分自身が納得する生き方をするためには、物ではなく、精神的な満足感の方が大切である。そのことに人々が気づき始めたのであろうか。

　日常の中には、様々な出来事がある。楽しいことよりもむしろ、悲しいこと、嫌なこと、腹の立つことの方が多い。その中で、いつも心が満たされ充実している状態をつくるには、心のスタミナを持つことが重要である。

　物の時代から心の時代へと変化したということは、心にスタミナがある人が、自分で自分の道を切り開いていけるようになったということではなかろうか。体のスタミナは、食事やトレーニングなどで鍛えることができる。心のスタミナの鍛え方も基本的には同じである。体力がつけば、それに伴って心も強くなる。

　ただし、常に心と体のスタミナが比例しているわけではない。心にも時々、栄養を与えてあげなければ、スタミナ不足に陥ってしまう。その栄養とは、「今、自分が一番したいこと」「今、自分が一番好きなこと」「今、自分が一番気に入っていること」などである。これらのことから、心が燃えるように、奮い立つように、弾みを与えるのである。

　心にスタミナをつけるのも、体力の強化と同じである。逆境や試練など厳しいストレスを乗り越えてこそ、スタミナはつくものである。厳しさを乗り越えるためには、やはり時々、心を大きく揺さぶり動かすような経験が必要となる。

　今が、どのような状況に置かれているかはさほど関係ない。

美味しいものを食べに行く。好きな映画を観に行く。心に弾みを与えられることなら、どんなことでもかまわない。その弾みが、厳しい現実に立ち向かう強いエネルギーとなってくれるはずである。

　また、心に弾みがつけば、自分を取り巻く環境や状況にも変化が表れ、望む状況を創り上げていくきっかけもできるかもしれない。心にスタミナをつけるために、時々は栄養を与えてあげてみてはどうだろうか。

　　　　校長室だよりNo.136「心のスタミナ」（2020.6.18）

◇必死の二年

「十年一区切り必死の二年」という言葉と出合った。物事が成功するには十年が必要だが、ただ十年があればいいのではない。その間、寝食を忘れた必死の二年がなければ物事は成就しない、という教えである。一心不乱、無我夢中である。

　だいぶレベルは下がるが、自分のことで考えてみた。寝食を忘れるほどの必死さがあったかと言われると、甚だ疑わしいが、自分なりに必死になったときがある。

　20代、教員になって2年目と3年目である。1年目ではないところがみそである。誤解を恐れずに振り返れば、教員1年目は先が見えないまま何となく教員をやっていた。だが、1年目も終わろうとする頃に、ふと考えた。「このままではいかん」。目の前にいる子どもたちの純粋な目を見ていると、

「教員というのは大変な仕事だ。子どもたちの人生に対して責任がある。これは心を入れ替えてやらねば」と考えたのである。「あと２年間、必死にやってみよう。それでだめだったら考えよう」、そう決意した。

あの頃は、毎日クタクタだった。日々頑張ってはいたが、「これでは体力がもたない。年を取ってまで続けられる仕事ではない。30代が限界ではないか」と思ったものである。

30代、生徒指導の問題が多発する学校に転勤し、最初から生徒指導主事となった。正直、行く前から嫌だった。案の定、次から次へといろいろなことが起きた。すべての情報が生徒指導主事である私のもとに集まってくる。対応しても対応しても追いつかない。「もうだめだ」と何度も思った。朝、学校の入口を通り過ぎて、山に逃げようかと思った日もあった。それも一日や二日ではない。どこかに行きたかった。

どうにかこうにか生徒指導主事１年目の夏休みになり考えた。

「このままにしておいてたまるか。今に見ていろよ」

必死になるつもりはなかったのだが、必死にならざるを得ない状況であった。結局２年間、必死のまま終わった。そして、学校は立ち直り始めた。

40代、教頭になった。毎日必死だった。仕事の量、役職にかかわる責任など、必死で頑張るつもりはあったが、必死にならないとやっていけない状況だった。２年目になり、先が見える分、多少は余裕が生まれたが、必死さは変わらなかった。そして、３年目になり、だいぶ慣れてきたところで教頭

時代は終了した。

　50代、今のところ必死になった2年間はない。精神的には、必死に近いものはあるが、ちょっと違う。50を過ぎて必死になるのがいいかどうかはわからない。これから、必死にならざるを得ない状況に追い込まれるかもしれない。

　こうしてみると、今までに3回必死になったことになる。共通しているのは、すべて人に助けられたことである。出会いに救われたのである。もし、出会いがなかったら、とっくに潰れている。

　本校の教員にも必死になった経験を持っている方がいる。そういう人は、辛いこと、苦しいことがあっても、必死になったあのときと比べればたいしたことはない、まだ大丈夫と思えるであろう。

　人には相対的にものごとを考える習性がある。必死になった経験がある人は、その後もずっとやっていけるのである。必死になったことがある人は強い。

　本校の生徒をはじめ若い皆さんも、必死になるときが来るかもしれない。そのときは、決して逃げないでほしい。逃げずに歯を食いしばっていれば、きっと出会いが待っている。

　　　　　　　　校長室だよりNo.166「必死の二年」(2020.8.3)

◇人間徳

　私が中学3年生のときである。卒業式の日に、当時の校長

先生が3年生の教室に来てくださって、卒業生一人一人に、直筆の色紙を手渡してくださった。

私がいただいた色紙には「人間徳」と書かれてあった。正確には覚えていないが、「言葉の意味がわからない人はいますか」と聞かれ、中学3年生だった私は、わからないので素直に手を挙げて質問をした。校長先生から一応説明を受けたが、わかったようなわからないような釈然としないままで終わった。

てっきり他の人も質問をするのかと思いきや誰もしないではないか。結局校長先生に質問をしたのは私だけだった。あの頃、不幸にも私の座席は教卓のすぐ前だった。後ろの様子、すなわち教室の様子が全く見えない、わからない場所だったのである。席がもっと後ろであれば、絶対に質問などしなかったと断言できる。暴挙に出て恥ずかしい思いをすることもなかった。

当時は、大人になればそのうちわかるだろうと高をくくっていた。だが、中学卒業後、40年経ってもいまだに釈然としないままなのである。オーバーに言えば、私はずっと「人間徳」の意味を探して生きてきたようなものである。まるで重い十字架を背負うがごとく。

あの頃、3年生は3クラスだったので、約120名の卒業生がいたことになる。生徒一人一人に120枚の色紙を書く校長先生は、そうはいないだろう。そこで問題は、あのときの校長先生は、3年生一人一人のことをそんなにわかっていたのだろうかということである。私の記憶では、校長先生と話し

たことなどない。自分から校長先生に接触を試みるような生徒ではなかった。もし、わかっていて色紙を書いてくださったのであれば、私には「徳」がない、足りないということになるのではないか。確かに当たっている。校長先生恐るべしである。

　事の真相はわからない。しかし、時折、何故に「人間徳」なのかと考えることがある。実は、このところ、この「徳」について考えている。昔から教育では、「知育」「徳育」「体育」あるいは「知・徳・体」という言葉がある。どれが一番大切かということではなく、3つのバランスが重要である。したがって、どれも欠くことのできない要素である。

　それはそうなのだが、人が生きていく上では、どうも「徳」が一番重要視されるべきではないかと考えるようになった。「徳」について考えていると、どうしても中学時代の「人間徳」が出てきてしまうわけである。ということは、いまだに「人間徳」の境地に達していないと十分自覚しているということである。

　それにしても、やっかいな色紙である。おかげで引っ越しのたびに、じっと見つめることになり、捨てることもできずにいる。

　中学のときには、こんなに長くこの言葉とつき合うことになるとは思わなかった。考えてみると、あの頃の校長先生の年齢に近づいてきた。もしかしたら、このところ「徳」について考えるようになったのは、たまたまではないのかもしれない。校長先生も「徳」について考えていたのだろうか。そ

れで色紙に書きたいと思ったときに、たまたま渡した相手が私だったのだろうか。そんなことを考えたりする。

いずれにせよ、「人間徳」この言葉は、私には重すぎる。それでも中学時代の校長先生には感謝すべきなのだろうと思う。

校長室だよりNo.168「人間徳」（2020.8.5）

◇いくつだっけ？

昔、お世話になった校長先生に、よくこんなことを聞かれた。
「お前は、いくつになったんだ」
これが年に一度や二度ならばわかる。それが年に10回も同じことを聞かれると、さすがにいろいろと考える。
「人の話を聞いていないのか」「1年に何歳も歳を取るわけがないでしょ」

私も、あの当時の校長先生と同じくらいの年齢となった。では、自分はどうなのか。悲しいかな同じような現象が起きている。自分としては、まじめに人の話を聞いているつもりなのだが、入ってこないのである。

若い頃は、覚えなくてもいいことまで頭に入っていた。人の年齢も、一度でインプットされていた。それが、今ではどうであろう。その人の年齢や出身地、以前の勤務校などの情報が、情報として定着しない。記憶力が落ちたのだろうか。

それは認める。単純な電話番号などの数字を覚えられない。短期記憶が弱くなっている。

　だからといって、すべてのことが覚えられないというわけではない。仕事に関することは意外と覚えているのである。自己分析の結果が出た。記憶できる量は、落ちた。その分、必要なものだけを覚えるようになったということだろう。仕事のことまで記憶できなくなったら困る。電話番号は、いちいち見ながら確かめながらでよい。その方が、かえって間違いもなくなる。FAX番号など、覚えようとしない方がよい。何度も確かめながらの方が断然よい。

　こういう分析もある。人の話を覚えていないのは、その人への興味の問題もあるのではないか。興味があることであれば、覚えているだろう。人への興味が薄らいでいるとしたら、あまりいい傾向ではない。

　昔から知っているある人は、もう何度、私に年齢を聞かれたかわからない。「いくつだっけ？」。

　私の方は、聞くたびに一つ年齢を加算している。「なかなか歳を取らないなあ」「いつまでも若いなあ」当たり前である。1年に2つも3つも歳を取るはずがない。

　私の母親は、もう90歳を超えている。だが、記憶力は全く衰えない。誰々の何々さんは、今、何々をしている。何々さんの息子さんは、娘さんは、といった具合に、その家の家系図が頭に入っているかのように話す。

　若い頃は、自分も、この人の息子であり、DNAを引き継いでいると思ったものである。しかし、違った。私は、ただ

の人だったようである。

　お世話になった校長先生には、私の出身地もよく聞かれた。毎回、同じ答えを繰り返した。当たり前である。出身地は一つである。変わるはずがない。今思うと、年齢と出身地を聞くことは、ルーティンのようなものだったのかもしれない。

　この前、うちの職員に何かを聞いたときに言われた。
「この前も、校長先生に話しました」
　これは、いけない。信用問題である。気をつけなければ。
「いくつだっけ？」これは、私のNGワードとしたい。
　　　　　　校長室だよりNo.383「いくつだっけ」（2021.6.30）

◇コツコツ

　こんなことを言った方がいる。
「成功のコツは2つある。それは『コツコツ』」
　野田中学校は、学校のスローガンとして「凡事徹底」を掲げている。この凡事徹底とコツコツは同じ人物の言葉である。凡事徹底のほうは、ここ数年で世の中にかなり浸透してきている。

　問われるのは内容より結果という成果至上主義ともいうべき世の中にあって、結果よりもプロセスを大切にすることでビジネスの道を切り拓いていく。普通の人たちが雑事と片づける細々としたことを徹底して行い、追求すること、これがすなわち凡事徹底である。

例えば、会社、トイレ、車、道路をきれいにする。人々が「そんなことをやっていたって何もならないじゃないか」「そんなことをやっていたのでは人に遅れてしまう。この競争社会の中で勝っていけない」と、おろそかにしがちなことを極めていくという考え方である。そこには、平凡なことを非凡に努力することの大切さがある。

　まわりの人を見渡してみる。大人でも生徒でも、平凡に思えることをコツコツと積み上げている人がいる。真似できない。当たり前のことを当たり前にやる。これがなかなかむずかしい。かえって生徒から教えられることもある。

　自分の生活を振り返ってみる。コツコツと続けている平凡なことがあるかというと、残念ながらない。やろうとしたことは何度かある。だが、続かない。なぜ、続かないのか。わからない。どうやら、それができるような人間ではないようである。それだけはわかった。やり始めたとしても続かないことは、自分でもよくわかっている。だから、できる人はすごいと思う。

　凡事徹底を貫くことができる人は、きっと「小さく生きて大きく遺す」ことができる人である。人にはタイプがあり、生き方も千差万別である。どれがよくてどれがよくないとは、一概には言えない。だが、コツコツと積み上げてきたものが大きいのは確かであろう。

　学校の先生で考えてみる。先生方が積み上げてきたものと言えば、真っ先に浮かぶのは授業である。30年以上、教壇に立っていれば、１万時間以上は授業をやっているはずである。

かなりの数である。１万時間もやれば、プロ級の腕前になっていてもおかしくはない。ところが、そうはいかない。そこが、授業の難しさであり、奥深さである。

　授業は、凡事ではない。平凡なことではない。だから、コツコツにも凡事徹底にも当てはまらない。その証拠に、「そんなことをやっていたって」の「そんなこと」には該当しない。

　凡事とは、もっと簡単なことではあるが、やることにそんなに価値を見出せないことであろう。表現を変えれば、面倒なこと、面倒くさいことである。だから、普通の人では続かない。それを面倒くさがらずにやり続けることで、価値が出てきて大きく遺すことにつながる。

　中学生でも、コツコツやり続けることができる生徒はいる。そういった生徒の努力を認め、将来の姿を楽しみにしたい。それが凡事徹底を掲げる学校ができることである。

校長室だよりNo.619「コツコツ」（2022.9.7）

◇無理がきく間は……

　WBC（ワールド・ベースボール・クラシック）優勝以来、今まで以上に大谷翔平選手の活躍に注目が集まり、報道も過熱気味である。数年前に、その大谷選手に、イチローさんがアドバイスをしていた言葉がある。

無理がきく間は無理をしたほうがいい

　私もそう思う。無理をすることは大事である。無理をするから実力が養われる。しかし、無理がたたって、へたり込んでしまうような無理はしないほうがいい。そのバランスを自分で見極めながら無理をすることが向上につながる。
「無理」という言葉は、もともとは道理・理屈・理由などが無いという意味だった。ここから、無理な注文、無理難題といった言い方が生まれている。また、自分の依頼が相手に迷惑をかけるという意味で、ご無理を申し上げますが、といった言い方もよく使われてきている。
　ここのところ、無理という言葉の使われ方が変わってきている。伝統的には、実現させるのがほぼ不可能な場合、強引に実現させると大きな問題が起こる場合などに用いられてきた。ところが、若い人を中心に、やろうとすればできるかもしれないが、やりたくない場合にも使われるようになってきている。
　あるいは、
「なに食べる？」
「パスタはきのう食べたから無理」
　つまり、無理という言葉の持つ意味が軽くなってきている。
　教員の間でも、残念ながら無理という言葉をよく耳にする。特に気になるのは、３月の無理である。こちらが、仕事や役割を依頼する。
「無理です。できません」

言葉に学ぶ

　この無理は、やろうとすればできるかもしれないがやりたくない場合に使われる無理に近いのではないか。やろうとしないところが気になる。

　イチローさんが、大谷選手に贈った「無理」は、実現させるのがほぼ不可能な場合に近い意味だろう。本当は、若い方には、「無理がきく間は無理をしたほうがいい」と言いたい。「若いときに流さなかった汗は、老いてから涙となる」

　これも同じようなことだろう。無理がきく間は、ということは、無理がきかなくなるときが来るということである。これは、実際にそうなる。そう考えると、30代半ばぐらいまでは多少無理してでもがんばったほうがいいと思うのだが、どうだろう。

　今は、働き方改革が進んでいるときであり、「無理をしたほうがいい」とか「無理をしてください」などとは言えない。言えないので、書いている。50代以上の方々の中には、若いときに、それこそ無理をしてきた人が多いのではなかろうか。それが、その人の人生を支えているのではあるまいか。

　大谷選手は、イチローさんのアドバイス通りに、無理がきく間は無理をするはずである。そもそも、二刀流と称される投手と打者、ともに高いレベルで活躍していること自体が、実現させるのがほぼ不可能な場合、強引に実現させると大きな問題が起こる場合にあたる。やっぱり、大谷選手はすごい。ある意味、「無理」のスペシャリストである。

　　　　　　　　校長室だよりNo.757「無理」（2023.5.24）

◇杖ことば

「杖ことば」とは、もう駄目だというとき、自分を支え、再び立ち上がらせてくれる言葉である。ともすれば、しゃがみ込みたくなるようなとき、人生の苦難の旅路を共に歩き、その一歩一歩を杖となって支えてくれる言葉を指す。

人間は、言葉によって傷つき、また言葉によって癒され、救われることがある。日本人は、昔から言霊といって、言葉には霊が宿り、特別な力があると信じてきた。日本だけではなく、東洋の宗教やヨガの行者は、神仏への祈りや讃歌を短い真言に込めて唱えてきた。キリスト教文化では、言葉をロゴスといい、新約聖書の中で、「はじめに御言葉があった。御言葉は神とともにあった。御言葉は神であった」と書かれてある。洋の東西を問わず、言葉は単なる言語の働きを超えた力のある実体と考えられてきたようである。

杖ことばとは、そのような霊力のある言葉が、杖の形に変化して、倒れそうな人間を支えるということなのではなかろうか。テレビドラマや映画、小説などでは、主人公をはじめ登場人物から、この杖ことばが出てくることがある。もう駄目だと思うとき、崩れ落ちそうなとき、もう諦めてしまいそうなとき、再び立ち上がらせ、もう一歩進んでみようかという気にさせてくれるのが、杖ことばである。

それは、人生、かくあるべきだといった、大上段にかまえた箴言、金言ではなく、もっと、もっと、さりげない言葉、

素朴な言葉のような気がする。例えば、親がいつも言っていた言葉、何気なく友人が発した言葉、部活動の顧問の先生が教えてくれた言葉なども、そうであろう。日々の暮らしの中で、どうにもこうにも行き詰まり、立ち止まってしまったとき、その言葉を思い出し、固まった心身をほぐしてくれるようなものである。

　私の杖ことばは何だろうか。考えてみた。いくつもの仕事が重なり、もう駄目だと思ったときに出てくる言葉がある。「ひとつひとつ」これだけである。ひとつひとつ終わらせていけば、そのうちすべて終わる。それはそうなのだが、心の中で「ひとつひとつ」と念じていると、なぜか心が落ち着き、前に進むことができる。駄目だと思うと、落ち着きがなくなり、余計に時間がかかり、ミスも出る。

　不思議なことに、この言葉が、ひとつの"てこ"となって、背中を押してくれるのである。重い荷物を背負って、山を登らなくてはならないとき、「ヨッコラショ」と、自分自身に掛け声をかけて、立ち上がる。そのヨッコラショに当たるのが、杖ことばなのかもしれない。

　思えば、頻繁に杖ことばが出てくるわけではない。今では、たまにしか出てこない。それだけ、人生の難儀に直面することが減ってきているということだろう。これからは、また違った杖ことばと出合えるかもしれない。それはそれで楽しみである。

校長室だよりNo.768「杖ことば」（2023.6.10）

◇どん底に落ちたら、掘れ

　この前、たまたまあることわざと出合った。「どん底に落ちたら、掘れ」である。これは、イタリアのことわざである。日本であれば、どん底に落ちたら、あとはもう上がるしかないとなる。だが、イタリアでは、そこから掘るという。

　どういうことなのだろうか。どん底に落ちたときというのは、自分を深掘りして学びを得る、気がつくチャンスであるということだそうだ。今まで生きてきて「どん底だな」と思ったことは、どのくらいあっただろうか。人は、どん底の一歩手前でも、どん底だと思ってしまう傾向があるように思う。よく「最悪」という言葉を聞く。いとも簡単に、この言葉を使うようになった。最悪とは、最も悪いと書く。実際は、たいしたことはないのだが、いとも簡単に最悪と使う傾向がある。

　どん底のときは、本当にきつかったから戻りたくはない。しかし、その時期を振り返ると、学びのチャンスであったことがわかる。そのどん底がなかったら、今の自分はない。振り返ってみると、あのときは辛かったし、人生のどん底だと思った。だが、それがあったから今があると思える。どん底とは、そういうことだろう。

　どん底に落ちたら、通常は上がることを考えるだろう。落ちた分を挽回しようとする。元に戻ろうとする。ところが、そうではなく、さらに掘って下に行こうというのである。こ

のへんがイタリアらしい。実は、奥深い。

　雑誌や書籍、マスコミなどに登場する著名人、企業人などには、どん底を経験している方が多いように思う。それだけ、学びや気づきがあったということだろう。どん底までいったから、わかったことがあるのだろう。

　自分のことを考えてみた。辛かったこと、苦しかったことは、いくらでもある。教員になってから、ずっとそんな感じである。だからといって、どん底かというとそうは思ってはいない。そう簡単に、どん底を経験できるとは思ってはいない。辛いとか、苦しいとかは、自分が決めることである。同じような状態に置かれても、辛くも苦しくもない人もいるかもしれない。ところが、どん底となると誰が見ても大変な状況なのではなかろうか。

　同じようなことわざや格言は他にもある。要は、一見、悪いようなこと、うまくいかないこと、不幸に思えることでも、見方や考え方を変えれば、チャンスだったりするということだろう。「待ってましたよ不幸」というぐらいの考え方の人もいる。

　そこまでは思わないが、ここのところは、嫌なことやうまくいかないこと、辛いことがあっても、起きたことには必ず意味があると考えるようにしている。待ってはいないが、「来たか」ぐらいには思えるようになってきた。

　では、これからどん底を経験するときが来るのだろうか。それは、わからない。ここからでは、さすがに辛いとは思う。とりあえず、窮地に陥ったら、這い上がるのではなく、まず

は掘ってみようと思う。

校長室だよりNo.769「どん底」（2023.6.12）

◇請求書の人生、領収書の人生

「請求書の人生」というものがある。もっと、もっと、もっと、際限なく欲しがって生きることである。世の中には、そういった生き方をしている人がいる。一方、寺社にお参りするときには、「ありがとうございます」とお参りする。これは、請求書ではなく、領収書のお参りである。

向上心や探求心は、人の成長に欠かせない大切な条件である。しかし、度の過ぎた欲求は、人を卑しくし、ひいては人の尊厳を傷つけることにもつながる。求めるばかりではなく、今、与えられているものごとに感謝の心を持つ「領収書の人生」を歩んでいきたい。

日本には、領収書の生き方をしている人がたくさんいる。そういう人は、世間から注目されることはない。請求書の生き方をする人が、派手で目立つのに比べて、領収書の生き方をする人は、地味で人目のつかないところが共通しているからである。

誰からも注目されず、光の当たらないところで、いつ報われるかわからないことにも、心を込めて取り組んでいる姿からは、卑しさは微塵も感じられないだろう。他人に頼ったり、求めたりすることなく、人の役に立つことだけを念頭におい

言葉に学ぶ

て、一途に歩み続ける姿は、人を惹きつける豊かな魅力を備えている。

　寺社にお参りをすることがある。ほとんどの場合、「〇〇してください。〇〇しますように。お願いします」と、心の中でお願いしている。まるっきり、請求書である。「ありがとうございました」というのは、合格祈願をした学問の神様などに、お礼を言うときぐらいだろうか。

　人が生きていく上では、請求書も必要なのだと思う。だが、請求書ばかりになってはいけない。どのくらい領収書の生き方ができるか、それが重要である。感謝することなしに、求めるだけ求める、いつの間にか、そうなってしまうことがある。

　一隅を照らすが如く、地道に、ものごとに感謝しながら、様々なことに心を込めて生きている方がいる。こういった方たちは、きっと一度会っただけで、互いの人柄に惹かれ合うのだろう。まるで、以前からの知り合いのようになるのではないか。縁が縁を呼ぶ。

　請求書と領収書の人生から、我が身を振り返ると、ずいぶんとわがままだと反省しきりである。自分ではそうは思っていなくとも、いつの間にか、請求書が増えている。人は欲深い生き物である。欲には限りというものがない。今までは、あまりにも領収書が少なかった。これではいけない。これから挽回していこうと思う。

　　　　校長室だよりNo.784「請求書と領収書」（2023.7.3）

◇ナイスエイジング

「アンチエイジング」という言葉がある。抗加齢を意味する。だが、実際の年齢に逆らうことはできないため、その意味としては、抗老化となる。いつまでも、若々しく心と体を維持したい、実際の年齢よりも若く見せたい、見られたい、できるだけ長生きしたいという思いは、老若男女すべてに共通している。

とはいえ、いくらまなじりを決して老いに立ち向かったところで、いつかはやられてしまう。むしろ、やられることを承知の上で、楽しく抵抗しながら老いを少し先送りする。多くを望まない。その上で、一日一日を精一杯楽しく生きる。それが「ナイスエイジング」である。

老化現象となると、人間まるごとの問題である。老化は、大自然の摂理である。いくら抗っても最後はやられてしまう。負け戦であることは最初からわかっている。アンチエイジングなど空しいとも言える。アンチではなく、老化に身を任せながらも、よりよく老いていく。老いを素直に受け止めつつ、いのちのエネルギーを勝ち取っていく。

「人生の幸せは後半にあり」という言葉は、貝原益軒の『養生訓』の底流を貫く考え方である。教員という狭い範囲ではあるが、まわりの同級生たちは若い。それぞれの人生の後半に期待できるのもわかるような気がする。

この前、教員をやっている教え子に久しぶりに会った。

「先生、若返りましたね」
　そんなわけはないのだが、こう言われることがある。
「30代の頃よりも若いんじゃないですか」
　ますます、そんなわけはない。そばにいた方に言われた。
「笑顔だからですよ」
　妙に納得してしまった。確かに30代の頃は、笑顔がなかったのかもしれない。この教え子は、部活動の教え子だから、より、そうなのであろう。テニスコートで笑顔を見せることは滅多になかったように思う。
「あなた、私が何歳になったか、わかってる？　○歳だよ」
「ええー」本気で驚いていた。
　今のところ、老いに立ち向かってはいない。年齢をそれほど意識してはいない。それでも、老化現象が進んでいることは自覚している。目と耳である。耳はまだいいが、目のかすみには困ることがある。そろそろ何とかしようと思う。
　ナイスエイジングには、胸のすくような小気味よさが伴っている。ナイスエイジングこそ、貝原益軒の言う「人生の幸せは後半にあり」を実現する鍵である。
　　　校長室だよりNo.915「ナイスエイジング」（2023.12.4）

有事に学ぶ

◇コロナ禍の門出に

　3月1日に梁川高校を卒業された皆さん、いかがお過ごしであろうか。4月からの生活に対する期待と不安が入り混じった日々を過ごしているのだろうか。新型コロナウイルス感染症対策として、不要な外出を控えているのだろうか。家にいると、あれこれと考えてしまい、心配なことが増えていってはいないだろうか。

　就職する皆さんは、予定通りそれぞれの事業所で勤務をスタートさせることができる状況にあるだろうか。大学や短期大学、専門学校に進む皆さんの入学式やオリエンテーション等は行われるのだろうか。

　私の娘も皆さんと同様に3月1日に高等学校を卒業した。ただし、卒業式は行われなかった。各教室で担任の先生から卒業証書をいただいただけだった。在校生は登校していないため、部活動の後輩たちにも会えずに終わった。後輩や顧問の先生、コーチの方からの色紙や卒業記念に関わるものは、卒業生一人一人に紙袋が用意され、部室に置かれてあった。

　毎年、卒業式の前日に行っていた部活動の3年生を送る会も中止となった。ここ数年は、この会の中で、卒業する3年

生一人一人の写真がスライドとして映し出されていた。流れるBGMとともにその写真スライドを見るのがよかった。

今年はそのスライドもないのだなと思って諦めていた。すると、紙袋の中から1枚のDVDが出てきた。本来であれば、3年生を送る会で使われるものだった。早速、家族で見てみた。例年以上にすばらしいものだった。3年生を送る会がなくなってしまったにもかかわらず、卒業生のためにとDVDを制作していただいたのである。加えて会の次第や参加者名簿などがある要項も袋の中から出てきた。数日前に中止となったので、既に要項は出来上がっていたのかもしれない。あるいは、これも卒業生のためにと用意してくれたのかもしれない。

紙袋の中には、後輩の皆さんとその保護者の皆さんの"思い"が入っていたのである。娘はDVDを自分のスマホに取り込んだ。いつでも見られるようにするためであろう。妻は、DVDを見ながらボロボロ泣いていた。この3年間の様々な思いが溢れるように出てしまったのだろう。

以上が我が家のケースだが、どの高校の3年生の場合も、多かれ少なかれ同じようなドラマがあったにちがいない。色紙にしろ、DVDにしろ、会の要項にしろ、形としてずっと残る。そして何よりも写真はずっと残るし、そのときのそのときにしか見せない表情が写し出されている。その瞬間が見事に切り取られている。

娘が入学する大学の入学式は、案の定、中止となった。入学する前に行われるはずだった英語の試験は、自宅でパソコ

ンを使って入力する形式になった。新入生説明会や各種オリエンテーションもどんどん中止となっている。他にもホームページを見ると、「現在、検討中です」の文字が並ぶ。

　高校や大学だけでなく、様々な場所、とりわけ人が集まるところでは、日々、国や県の方針、感染状況、会やイベント等のねらいなどすべての要素を勘案して、今出せるベストのものを考えている。出した答えがベストだったのかどうかは、きっと後になってからわかることである。

　たとえ入学式がなくなっても、梁川高校だけでなく他の高校の卒業生一人一人の新たなスタートが、少しでも心に刻まれるものになるよう祈るばかりである。梁川高校の入学式は幸い実施できる状況にある。梁川高校にとって最後の卒業生となる新年度の入学生である。人数の制限や時間の短縮があったとしても、"思い"が感じられる式にしたい。

校長室だよりNo.85「思い」（2020.3.23）

◇伝承すべきエピソード

　以前から「閖上(ゆりあげ)」に行こうか行くまいか、自分の中で葛藤があった。閖上とは、宮城県名取市の閖上地区のことである。東日本大震災において甚大な被害があった場所の一つである。名取市は、位置的には仙台市のすぐ隣にあたる。

　現在の閖上地区は、新しい建物が目立つ地域となっている。その中に、「名取市震災復興伝承館」というものがある。被

災3県には、このような施設が複数あるだろう。その多くが、"伝承"を目的としている点は共通しているのではなかろうか。

中に入ると、震災前の閖上地区のジオラマというのだろうか、お手製の縮尺模型が展示されていた。以前は、これほど住宅が建ち並んでいたのかと思い知らされた。よく見ると、一軒一軒の模型に「〇〇さん」と住んでいた方のお名前が表示してある。この製作に携わった方々は、どんな思いで一つ一つ丁寧に作っていったのだろう。

大型テレビ画面があり、繰り返し、震災時の様子が流されていた。名取市長のお話、メッセージもあった。なぜだか、それが心に響くものだった。もう一度聞きたくて、繰り返し聞いた。

人の上に立つリーダーの話には、心に響くものとそうでないものとがある。その違いはどこから来るのか。自分が置かれている立場から、そのことを考えずにはいられなかった。

展示物を見ていると、「閖上小・中学校へ避難」というタイトルが目に入った。そこにはこのような内容が書かれてあった。

閖上小学校・中学校ともに、津波が押し寄せ壊滅的な被害を受けながら、当日は地域住民の避難場所となりました。食料、水、灯り、暖房などほぼ何もないなか、展示の画用紙や教室のカーテンなどを使って暖を取ったり、夜中に津波被害にあいながらたどりついた住民に、アルコールランプで湯を

沸かして飲み物を提供するなど、教職員が中心となって工夫を凝らして運営を行いました。翌日、自衛隊などの救助があり翌夜までには全員が安全な浸水していない場所や別の避難所（学校等）へ移動しました。

　地震発生時は、１、２年生は下校直後、３～６年生は在校していましたが、学校が指定避難所になっていたため、学校では、在校児童はそのまま帰宅させませんでした。さらに下校途中の１、２年生も教職員が呼びもどして学校に避難させました。地震発生から時間が過ぎても津波が来ないため、学校に迎えにきた父兄からは、児童の引き渡しを求める激しい声が上がりましたが、校長が「大津波警報のため今は渡せない」と拒否し、児童や父兄を学校に留めました。結果閖上小では、全員無事でした。（当日欠席の児童１名は犠牲に）

　この内容をゆっくりと二度ほど読んだ。自分が、閖上小学校の校長の立場だったら……そう考えずにはいられなかった。

　保護者が自分の子どもを家に連れて帰るというのを、果たして拒否できるだろうか。現実には難しいと思う。だが、実際に保護者の激しい声に耐えながら、断固拒否をし、大勢の命を救ったリーダーがいたのである。

　私たちは、このようなエピソードも"伝承"していく義務を負っているのではないか、そう思う。

　　　　　　　　　　校長室だよりNo.395「閖上」（2021.7.21）

◇凧あげの記憶

 3月も中旬となった。年が明けて、今年はいい年になりますようにという万人の思いなど蹴散らすように、オミクロン株とやらが猛威をふるった。

 1月下旬から2月は、なぜか週末に生徒のPCR検査結果が出るパターンが続いた。その対応のために、週末も学校に行くことになった。これは、本校だけではない。多くの学校がそうだったはずである。

 もちろん、遠出などしない。出かけたとしても自宅と学校から近いエリアが私の行動範囲となる。いつだったか、感染状況が落ち着いたときにランチに出かけた。そこは、年配の方が3人で営む小さな店だった。自宅を改装したような佇まいだった。

 メニューはAランチとBランチの2つしかない。こういった店には、そこを営む方の思いが至る所に現れるものである。それらに目をやり、思いを受け取るのが楽しみでもある。自然とキョロキョロと眺めるようになる。

 その店の一角に凧があった。日本の凧である。凧らしい凧である。今では、あまり目にしなくなった。駄菓子屋さんに置いてあるイメージがある。その凧を見ているうちに、ふとある記憶が蘇ってきた。

 我が家の長男は、1歳半から4歳までの3年間をイタリアで過ごした。もちろん、日本の凧などない。ちょうど、身内

が年末年始の休みを利用してイタリアに来てくれたことがあった。こういった方々は、異国の地で暮らす者にとっては貴重である。ついついイタリアでは手に入らないものをオーダーしたくなる。

　お正月ということで、息子へのお土産に日本らしいものをいくつかいただいた。その中に凧があった。息子は大喜びである。早速、ローマ日本人学校の校庭に行き、凧をあげることになった。この日は、快晴の穏やかな日だった。凧をあげるには不向きな日だった。息子は、そんなことはお構いなしに、校庭中を走り回り、凧があがるように、凧があがるようにとがんばった。しかし、走り終えればすぐに凧は情けなく落ちてくる。

　仕方なく大人の出番となった。校庭中を半ば本気で走り、風があればこれだけ高くあがるのだというところを見せた。息子ははしゃいでいた。疲れたが、よかった。この様子はビデオに収めておいた。コロナ禍が始まり、出かけない週末が続いた折に、イタリア時代のビデオを見た。そこには、凧をあげるために走り回る息子の姿があった。

　たまたまランチに行った店のおかげで、昔の記憶が蘇った。たぶん、ビデオを見ていたせいもあり、記憶が上書きされているとは思う。何気ない時間なのだが、少しだけ懐かしく幸せな気分になれた。

校長室だよりNo.520「凧あげ」（2022.3.16）

◇忘れてはいけない日

　まだ学級担任をしたり、国語の授業を担当したりしていたときに、生徒に話していたことがある。日本人として、8月6日と9日、そして8月15日は忘れてはいけない。これに、震災以降は3月11日も加わった。

　この4日間の日付が意味するところは、繰り返してはならない、二度と起こしてはならないということだろう。心に刻む必要があるということである。忘れてはいけないのである。

　中学生にとっては、8月の3日間は当然経験していないことである。3月11日は経験しているが、まだ幼かったため、理解はできていなかったであろう。つまり、後になってから様々なことを知り、理解し、考えることになったのである。

　私自身も、3月11日のことは身をもって体験しているが、8月の3日間のことは、直接はわからない。学校で学習した内容も、非常にあっさりとしたものだった。大人になってから、少しずつ知識を増やしていき、自分なりに考えるようになった。

　もっと知りたい、知らなければならないと思うようになったのは、10年ほど前からである。使命感にかられるようになった。自分の国のことをあまりにも知らなすぎる。焦燥感のようなものが自分を襲ってきた。

　様々な人たちが、それぞれの立場から、自分の意見や考えを発信している。正直、どれが正しいのかわからなくなる。情報というのは、そういうものだろう。一つの事象でも見る

角度によって違ってくる。情報はどんどん吸収する。取捨選択もする。大切なことは、情報を鵜呑みにするのではなく、自分で判断することである。自分というものさしを持つことである。

　8月6日、9日、15日に関しては、自分なりに整理しておきたい。簡単に手軽に「平和」などという言葉を使いたくない。事の経緯を知った上で使いたいのである。それが日本人としての義務のように思える。

　世界的には、9月11日も重要な日である。あのとき、私はイタリアのローマに住んでいた。翌朝の新聞の一面から「KAMIKAZE」の大きな文字が目に飛び込んできた。あの衝撃は忘れられない。起きた出来事もショックだったが、新聞の見出しもショックだった。特攻隊からもう何十年も経過している。それでも未だにこうなのかと考えさせられた。

　そのうち世界中のどこかで原子力発電所の事故が起きるかもしれない。そのとき、新聞の見出しには「FUKUSHIMA」の文字が躍るのだろうか。あながちあり得ない話でもない。それだけのことが起きたのである。それが事実である。

　今年も8月15日を迎えた。静かに考える日である。そして、二度と起こしてはいけないという決意を新たにする日である。

　　　　　校長室だよりNo.604「8月15日」（2022.8.15）

◇こだわりの珈琲店

　まだ、コロナ禍の最中に、福島のある珈琲店に妻と娘と3人で行った。たまたま入ったのではない。美味しい珈琲、味わいのある珈琲を求めて、その店を目指した。

　店に入ると、元高校教師の店主が迎えてくれた。ここからが、大変だった。コロナのために、席と席の間隔を十分に取っていること、ご家族であっても会話をしないこと、時間制限があることなどの説明を受けた。

　テーブル席は撤去され、カウンター席のみだった。一瞬、やめようかという考えがよぎった。が、妻と目配せをして、お世話になることにした。我々3人は、ポツン、ポツンと席に着いた。

　一人一人メニューを見る。いつもならば、みんなで何にするかの検討会をするところである。こうなると、妻と娘が何を頼もうが関係ない。好きなものをオーダーすればよい。もちろん、ストレート珈琲を所望した。

　こんなシチュエーションは初めてである。コロナ禍ならではの状況である。さて、ここから3人はどんな行動に出るか。LINEである。これを使っての会話が始まった。
「何を頼んだの」
「ああ、やっぱり」
「何だかおもしろいね」
　などなど、いつもよりも会話が弾む。声に出して話すよりも、コミュニケーションが進む。不思議である。

席が離れているため、一人なのだが、一人を楽しんでいるわけではない。程よく、時を過ごし、3人で店を出た。互いに笑うしかなかった。すぐに3人で反省会を始めた。滅多に経験できないことだったためか、話が弾んだ。

　先月、仙台に行った。美味しい珈琲を求めて、店を探した。当たりをつけてその店を目指した。駐車場に車を入れようとすると、注意事項が目に入った。指示通りに車を停めた。すると、店主が現れた。さらに細かい指示をされた。この時点で嫌な予感がした。
　案の定、知人であっても、席を十分に離していること、会話はしないことなどの説明があった。同じだ。あの福島の店のことが蘇った。この店は、未だにコロナ禍のままだった。この店からは、絶対にコロナを出さないという気迫のようなものを感じた。というよりは、店主の性格、気質の問題だった。こだわりと言えば聞こえはいい。
　お店には、もう一人お客さんがいた。その方が帰ると、消毒作業が始まった。徹底していた。予想していた通りである。それにしても、すごかった。珈琲は、美味しかった。だが、珈琲の味わい以外のことが印象深く残ってしまった。何事も度を越すと、興ざめである。とはいっても、店主がやっていることに間違いはない。事実、すべてを承知でお客さんがやってくる。
　私と妻はというと、またLINEでの会話に花が咲いた。これはこれでよかった。おもしろかった。ここまでのこだわり

のようなものがあるからこそ、珈琲も美味しいのであろう。また、同じような珈琲店に巡り合うかもしれない。そのお店の珈琲も美味しいはずである。それはそれで楽しみである。
　　　　校長室だよりNo.821「珈琲店」(2023.8.17)

日々に学ぶ

◇ささやかな親孝行

　9月下旬だったか、母を連れて大内宿に行ってきた。母は、もう90歳を超えている。それでも相変わらずの記憶力である。年齢の割に元気であることは間違いない。

　一昨年だったか、郡山に美味しいお蕎麦屋さんを見つけたので、母と妻のご両親を連れていった。せっかくだからということで、三春の「高柴デコ屋敷」にも足を延ばした。そこで、気がついた。以前と比べて、母が歩けなくなっている。普段は、一緒に暮らしていないため、わからなかった。

　昨年は、喜多方にラーメンを食べに連れていった。母が、喜多方でラーメンを食べてみたいと言ったのである。そんなことを言うのは初めてである。さすがに90を超えて、やりたいことをやっておこうという心境になったのだろうか。

　今年になり、大内宿に行ってみたいと言い出した。どうやら、いろいろな方から、「いいところだから行ってみな」と言われたらしい。それで行ってみたくなったようである。触発されたということか。元々、史跡名所を巡ることが好きな人である。大内宿が有名な観光地であることも知っている。

　実家に迎えに行った。母は杖を準備していた。こんなこと

は初めてである。大内宿で気づかされた。一昨年、昨年よりも歩けなくなっている。休み休み、前に進んだ。ゆっくりゆっくり歩を進めた。杖がないと、苦しい状況である。

お昼は、蕎麦がいいのか、ラーメンがいいのか、と聞いてみた。蕎麦がいいというので、そのまま大内宿で、お蕎麦をいただいた。いつの間にか、大内宿では、「ねぎ蕎麦」を出す店が増えた。これもテレビなどの影響だろうか。

せっかく大内宿まで来たのである。「塔のへつり」はすぐ近くである。だが、私の記憶では、あそこは歩くのが難儀である。とはいえ、とりあえず行ってみることにした。すると、うまい具合に展望台があった。おかげで、一望することができた。

母からは、「いやいや、これが大内宿かい。すばらしいない」「いやいや、これが塔のへつりかい。見事だない」というコメントをいただいた。本当は、歩くことが辛かったのだろうに。本人としては、自分がこんなに足腰が弱くなり、歩けなくなるとは思っていなかったようである。「これが歳をとるということだない」と言っていた。

本人もショックであろうが、息子も少なからずショックなのである。わかってはいるのだが、年老いた母親の姿を目の当たりにすると、さて、どうしたものかと思いあぐねてしまう。それでもまた「〇〇に行ってみたい」と言ってくれることを期待している。言ってくれるということは、まだ自分としては歩けると判断しているということであろう。

さて、次はどこに連れていくとするか。今更ながらとはい

え、ささやかな親孝行のつもりである。

校長室だよりNo.451「大内宿」(2021.11.4)

◇スタバでの新鮮な光景

　スタバといえば、スターバックスコーヒーである。今でも覚えているが、世の中にスターバックスが認知され、何かと話題に上るようになってきた時期があった。

　しかし、その頃は福島にはなかった。こういったことはよくある。そのため福島人は慣れてはいるのだが、一抹の寂しさがあることは否定できない。いつしか福島人にとってスタバはあこがれの存在となっていた。

　ついに福島にもスタバがやってきた。と思ったら、福島県立医科大学附属病院の中だった。これでは、なかなか行けない。そこから、しばらく年月が経過した。今度は、交通の便がいいところにも駅の中にも出店してくれた。ありがたい。これで、いつでもスタバに行ける。

　ということで、ようやく福島人にもスタバは身近な存在となった。先日、妻と車でスタバに行った。店内に入ると、意外と混んではいなかった。ノートパソコンを打っている人がいる。参考書や問題集の類を出して勉強している人がいる。耳にはイヤホンである。私には、これができない。音楽を聞きながら勉強をするということができない。静かなところでないと勉強はできない。文庫本を出して読んでいる人もいる。

スマホを操作している人がいる。いずれも、スタバでは、よく見られる光景である。我々はというと、どのタイプにも属さない二人だった。

　我々が席に着き、ほどなくしておばあちゃんとお孫さんの二人組が近くの席に着いた。新鮮な組み合わせである。ご高齢ではあるが、しゃれた感じの女性だった。その向かい側には、20代前半の学生らしき男性が座っている。

　日曜日の午後に、若者がおばあちゃんを連れてスタバに来ているのである。素敵なシチュエーションである。若者は、我が家の長男と同じくらいの年齢である。うちの息子も、あんなことができるのだろうか。ふと、考えてしまった。

　見るつもりはなく見てしまったのだが、若者はおばあちゃんを気遣いながら、店を出ていった。席に着いている最中も、二人の間には、さほどの会話はなかった。それでも大丈夫な関係なのだろう。とても初めてという感じはしなかった。

　こんな若者がいるのだなあと感慨深くなった。優しい時代になったものである。ご高齢の方がお孫さんとスタバに行けるような時代が来たのである。これならば、高齢化社会が進んでも明るい見通しが立つのだが、そう簡単にはいかないのが現実である。

　人を観察するために、妻とスタバに行ったわけではなかった。だが、結果的にそうなってしまった。店を出て、何だか気分がよかった。新しいスタバを見たようで快かった。この次のスタバも楽しみである。

　　　　校長室だよりNo.507「スターバックス」（2022.2.21）

◇接客ロボット

　コロナが落ち着いた時期に、妻と食事に出かけた。メニューを見ながら何を注文するか考えた。私はというと、たいてい迷うことなく決めることができる。一方、妻はというと、毎度の如く迷っている。決めるのに時間がかかる。これは30年以上も前から変わらない。

　ようやく決まった。ピィッと押した。店員さんが注文を取りに来てくれた。こちらから伝えて、店員さんが確認をしてくれた。ここまでは、今までと変わりはない。その後、水が来ないなあと思っていると、突如として水が運ばれてきた。

　現れたのはロボットである。2つの水とナイフ、フォーク、おしぼりが入ったケースを運んできた。とはいっても、これらのものをお客である我々が手にしてテーブルに置かないと、彼（彼女？）の任務は終了しない。

　あっけにとられていると、妻がロボットが運んできたものを受け取り、冷静にボタンを押した。すると、ロボットは戻っていった。また来ないかなと観察することにした。すると、わかったことがあった。テーブルに向かうときは、ロボットの背中に、03などのテーブル番号が表示されていた。それが帰るときにはHOUSEと表示が変わっていた。当たり前か。何か喋るのかというと、必要最小限のセリフだった。だまっていられるのも怖い。

長男のインスタに全く同じタイプの接客ロボットが活躍する動画が上がっていた。そのため、驚きはしなかったのだが、心の準備ができておらず、突然の出来事となった次第である。
　皆さんは、ロボットが動き回るお店など、当たり前だと思っているだろうか。世の中が、どんどん昔読んだSFなどの話の世界に近づいている。科学技術の進歩とは恐ろしい。自分が生きている間にこうなるとは思ってはいなかった。
　確かに、これからの労働力不足を補うには接客ロボットはいいかもしれない。コロナ禍の中で人との接触を減らすというねらいもあるだろう。何事も慣れだろうか。何だか、徐々にスター・ウォーズの世界に近づいているような気がしないでもない。
　席を立って歩いていると、ロボットが現れた。身長が低い。それで気づくのが遅れた。焦る。ぶつかったらどうしよう。こちらが気を遣う。かといって、これで身長が高ければ、今度は恐ろしい存在となり脅威である。
　私が思うに、どんな店にでも接客ロボットの導入とはならないであろう。やはりお店の雰囲気などに合う合わないがある。全国展開をしているようなチェーン店が中心となるのではないか。お客さんへの調査では、「次回もまた配膳してほしい」「食事が楽しくなった」との回答があるようである。人からロボットに代替可能な作業は移行し、その分の労働力を別なサービスにまわすということもある。
　調べてみた。「高性能のセンサーを装備し、スムーズかつ安全な移動を実現。全方死角なしで、人や物を滑らかに避け、

料理などを安定的に運びます。最短60cmの幅を通過することが可能で、人とのすれ違いもスムーズです」とあった。今回は、条件反射的に避けたが、今度はロボットと気持ちよくすれ違ってみようと思う。

　　　　校長室だよりNo.525「接客ロボット」（2022.3.25）

◇見つからない車

　どれほど前からだろうか。困っていることがある。駐車場に車を停める。買い物などが終わり、駐車場に戻る。自分の車が見つからない。こういったことが何度か続いた。

　こんなこともあった。私の車は黒のワンボックスカーである。駐車場には、似たような車がある。自分の車だと思い近づく。「ああ、違った」。ひどいときには、運転席側のドアノブに触れ、人の車のドアを開けようとしたこともある。幸い、中に人がいなかったため事なきを得た。

　最もひどかったのは、本当に人の車のドアを開けてしまったときである。なぜ開いてしまったのか。運転席には、その車を運転する方がいたからである。一瞬何が起きたのかわからなくなる。とりあえず「すいません」という言葉が口から出た。いきなり、車のドアを開けられた方は、どう思ったのだろうか。こちらとしては、冷や汗ものである。

　こんなことが続き、さすがに考えた。自分は、方向音痴なのか。それとも重い何かの症状なのか。東西南北の方角はわ

かる。だが、駐車場の自分の車にたどり着けない。対策を考えた。大きな駐車場ほど危険である。迷子になってしまう。アルファベットの表示などがある場合は、それを必ず覚えるようにした。表示がない場合でも、駐車した場所のまわりをよく見ておくようにした。また、人の車を開けないように、ナンバーを見るようにした。自分の車を探すのにナンバーを見なければならないとは情けない。

　自己分析をした。自分の車を置いた場所を平面図としては認識できている。それを違った方向から見ると、わからなくなる。簡単にいうと、振り向くとわからなくなるという状態である。妻といるときには大丈夫なのだが一人のときには心配になる。

　もっとすごいこともあった。野田中学校のすぐ近くに吾妻支所と吾妻学習センターがある。そこで会議があると、さすがに車ではなく徒歩ででかける。あるとき、会議が終わり、駐車場で車を探すとない。自分の車がない。本気で焦った。どこに停めたかも全く記憶がない。ほどなくして気がついた。「今日は歩いてきたんだった」。苦笑いするしかなかった。

　この事件以来、私の方針は定まった。当たり前にできていたことがもうできなくなってしまった自分がいる。それを受けいれるしかない。対策を考えればいいだけのことである。他にも単純な電話番号を覚えることができないという症状がある。そうであれば、いちいち確認しながら電話すればいいだけのことである。多少時間はかかるが。

　これからも、様々な症状が増えていくかもしれない。仕方

がない。せめてもの救いは、仕事に関することは覚えていることだ。いくつかの情報から瞬時に判断することもできる。即断即決である。この分野に関しては、以前よりも上がっているように思う。単純な記憶力は低下しているが、思考力や判断力は、それほど低下しているとは思えない。

　結局、方向音痴なのかどうかはわからないが、困っていることは確かである。

　　　　　校長室だよりNo.548「方向音痴」（2022.5.10）

◇愛車、もうすぐ月に到着

　南会津の中学校に新任教頭として赴任した。その当時、乗っていた車はFR（後輪駆動）車だった。冬期間には雪が積もり、気温も下がる南会津の地に、FR車で立ち向かうなど無謀である。四輪駆動の車に買い替えるのが通常の思考である。だが、何を思ったか、「まあ、何とかなるだろう」という何の根拠もない楽観主義のもと、最初の冬を迎えた。

　南会津は、除雪が完璧だった。夜中の２時、３時から除雪車が動き出していた。おかげで、私のFR車でも、さほどの支障はなかった。ただし、週末の土湯峠の下り道は必死だった。細心の注意を払う必要があるほど危険だった。そこで、考えた。「この車では限界か」。

　南会津で二度目の春を迎える前に、新しい車を買うことにした。部活動の顧問は引退したが、長男も長女もクラブチー

ムでソフトテニスをやっている。人と荷物が入り、子どもたちが長距離での移動にも耐えられるようにと、後部座席が広い車にした。私の好みよりも実用性重視である。

　この車はFF（前輪駆動）車だった。FR車よりはまだましではあるが、冬期間の安全性が高いとは言えない。その分、特に冬期間は慎重に運転した。南会津での単身赴任生活が３年、その後も、週末になるとソフトテニスの大会等での遠距離運転が続いた。そして、二度目の単身赴任生活である。今度は、さらに遠い奥会津の地と福島との往来となり、車を酷使する生活が続いた。

　大雪の中、運転をしていたことがある。前を走る車があった。これは、前の車が止まったらピンチになる。そう思っていた矢先に、案の定、前の車が止まり、毛布やスコップを出して作業を始めた。随分と用意がいいものである。

　さて、再び走り出そうとしたところ、スリップして前に進まない。進退窮まった。よりによって、後ろからは大型の除雪車がやってきた。私の車が邪魔なのである。焦る。ロープなどない。結局、除雪隊のお世話になり、何とかその場を脱した。

　長女が高校に進むと、週末の遠征等の距離が尋常ではなくなった。平気で岩手や秋田、青森などに行く。インターハイでは、１年目は会津若松なのでよかったのだが、２年目は三重県、３年目は宮崎まで行ってしまった。

　さすがに宮崎まで車で行くのは気が引けた。距離もそうだが、すでにエンジンをかけると、異常音を発していた車での

宮崎との往復が、果たして可能なのかという不安を払拭できなかった。途中でトラブルが発生すれば、かなり厄介なことになる。それでも、この車との長旅も最後になるかもしれないという覚悟で、意を決して福島の地に別れを告げ、一路遙か彼方の九州、宮崎へと向かったのである。

　週末の遠征生活は終了したが、梁川までの通勤も、なかなかの距離を稼いでくれた。点検等でディーラーに行くと、「3万6000キロかと思ったら、36万キロなんですね」。整備の方もあきれていた。いつだったか、聞いてみた。
「この車は、いったい何キロまで走れるんですか」
「今まで、こんなに走った方がいないので、わかりません」
　それでなくても毎日、異常音と付き合っているのである。もはや、動いているのが奇跡なのかと思えてくる。

　走行距離が36万キロを超えているのである。地球一周が約4万キロである。ということは、すでに地球を9周している計算になる。先日、ある方と車の走行距離の話をしていたところ、私の車が36万キロも走っていることを伝えると、「もうすぐ月ですよ」と教えてもらった。

　月までは、38万4400キロである。そうである。私の車は、月を目指して走っているのである。夏頃に気づいた。あの異常音が消えている。今頃になって、調子がよくなってきたのか。通勤距離が一気に短くなり、コロナ禍により遠出もしなくなった。車に負担がかからなくなったということか。逆に考えると、今までは、酷使されすぎて悲鳴をあげていたということか。あるいは、月までのゴールに向けて、いよいよラ

ストスパートに入ったのだろうか。

　自分の車が、まさか月に到達するとは思わなかった。ここまでくると、妙な愛着がわいてくる。どうせなら、38万4400キロを超えてみたい。だが、いかんせん、急に距離が稼げなくなった。このペースでは、ゴールはかなり先のことになる。それまで、車はもつのだろうか。

　明らかに第4コーナーをまわって直線に入っているのだが、ラストスパートが効かない。ひとえに、通勤距離の短さとコロナの影響である。急激なペースダウンである。あと1年あまりで、38万キロに到達するはずだった。今のペースでは、届きそうにもない。これは厳しいと思っていたところで、事態は急変する。あっけなく、月への到達をあきらめ、長年苦楽を共にした愛車を手放すこととなった。

　車というのは、ちょっと見るだけ、とりあえず見に行くというのが最も危ないパターンである。気づけば、あれよあれよと話が進んでしまうことがある。今回もそうであった。全くその気はなかった。ところが、どう考えても好条件としか思えない展開となってしまった。これも運命か。天から舞い降りた幸運としか思えない。

　気づけば月に向かっていたが、よくも無事でいてくれたものである。車屋さんが教えてくれた。車にも当たり外れがあると。私の車は、間違いなく大当たりである。お疲れさまでした。

　　　校長室だよりNo.461「月に向かって」（2021.11.24）

◇店主の仕事ぶり

　天ぷら屋さんに行くことがある。お店によっては、座る席はカウンターと決めてある。カウンターだと、揚げたての天ぷらが目の前に運ばれてくる。天ぷらは揚げたてに限る。もう一つ、カウンターに座る理由がある。それは、店主の仕事を間近で見ることができるからである。

　店主は、一人で天ぷらを揚げている。次から次へと入ってくる注文に対応していく。定食であれば、料理をつくって出せば、そのお客さんの分はとりあえず終わりである。だが、コース料理と同じで一品ずつ揚げたての天ぷらを提供していくのである。

　カウンターの席であれば、目の前のお客さんが食べている状況を把握することができる。次の一品をいつ頃出せばいいのかがわかる。ところが、カウンター以外にもテーブル席もある。座敷もある。個室もある。すべてのお客さんの食べる状況に合わせて次から次へと天ぷらを揚げていかなければならない。揚げたてが命だとすれば、これは容易ならざることである。それを一人でやっている。見事としか言いようがない。

　よく行くイタリアンレストランがある。そこのシェフも、一人で料理をしている。様々なオーダーが入る。料理を出すタイミングがむずかしいはずである。それでも、毎回、見事なタイミングで料理が運ばれてくる。天ぷら屋さんもそうだ

が、プロの仕事というよりは、神業に近い。

　店主もシェフも、観察していると、1秒たりとも休むことはない。手も足もずっと動いている。お店のスタッフへの指示もとぶ。これが、営業時間の間、数時間にわたって続くのである。

　ちょっと考えてみた。学校の授業のことである。授業者は一人、生徒は約30人である。教室はカウンターではないが、生徒全員を見渡すことはできる。状況的に考えて、天ぷら屋さんやイタリアンレストランの方が厳しいと言わざるを得ない。授業の営業時間は50分で休みもある。

　もしかしたら、授業を行う学校の先生は甘いのではないか。そんなことを考えた。仮に、天ぷら屋さんのご主人が授業を行ったらどうなるのか。イタリアンのシェフが授業を行ったらどうなるのか。そう単純な話ではないのだが、一人も取り残さない、一人一人の生徒のことを考えた授業をやってもらえそうである。どのお客さんにも同じサービスを提供することが大前提のはずである。お客さんのことを一番に考えているはずである。

　授業中の生徒は、カウンターに座るお客さんのようなものである。授業者の仕事ぶりを見ている。店主やシェフのようにはいかないが、その姿勢や心意気だけでも見習いたい。

校長室だよりNo.684「カウンター」（2023.1.12）

◇マフラー

　マフラーは暖かい。そのことを知って、まだ数年である。そもそも冬でも、コートなどの防寒着を身にまとわない人だった。これは、スーツの上にということである。週末など普段着になるときには、何かしらの防寒着は着用している。

　なぜ、防寒着を必要としないのか。車通勤をしていると、外に出るのは、わずかな時間である。そこさえ我慢すれば、車内か屋内である。もう一つ理由がある。以前勤務した学校で、毎朝、校門に立っていたことがある。季節は冬となった。あるとき気づいた。１年生が防寒着を着ていない。なぜだ。寒いだろう。先生方に教えてもらった。１年生は防寒着を着てくると、先輩に目をつけられるのだそうだ。頭にきた。「よし、それなら俺も着ない」と決めた。

　とはいっても、真冬だというのに、何かしらの会合などに参加する機会に、コートを着ていないのはおかしい。妻にもコートを着るよう指導される。仕方なく着るのだが、着慣れていないため、トラブルが発生することがある。

　ある会に参加した。所定の場所にコートをかけておいた。そこには、参加者のコートが並んでいる。会が終わった。自分のコートを着て帰路に就いた。家に入ってコートを脱ぐ。そこで初めて気づいた。自分のコートではない。滅多に着ないため、着ても自分のコートではないことに気づかなかった。困った。早速、会場に電話した。フロントにコートが届いていないかと。答えは「ありません」。困った。知らない人の

コートで、この冬をしのぐかと半ばあきらめかけていた。

すると、会の主催者と話しているうちに、スタッフの一人が、コートを間違えて着てしまったことが判明した。「それ、私のコートです。あなたのコートは私が持っています」となった。一件落着なのだが、それ以来、コートをどこにかけておいたかを覚えておくこと、ちゃんと自分のものかどうか確かめてから着ることを実践している。

高校に勤務していたことがある。毎朝、学校の入り口に立った。冬になった。その学校は高台にあり、風が直接あたってきた。寒い。非常に寒い。やせ我慢をせずに、コートを着た。それでも寒い。つらい。ふと、マフラーというものに興味がいった。試しに買ってみた。首に巻こうとしたが、巻き方がわからない。研究した。巻いてみる。しっくりこない。今までの人生でマフラーなど使ったことがない。

それでも、ようやくだが、コートにマフラーという当たり前の姿になり、風と対峙した。暖かい。全然違う。マフラーには、これほどの効果があったのか。それまでは、防寒の効果よりもファッションなのだろうと思っていた。首を温めると、これほどまでに違うのか。勉強になった。

それ以来、野田中学校でも、冬になると、コートにマフラーという姿で立っている。あるとき、ある男子生徒に「校長先生、かっこいいですね」と声をかけられた。

「あらっ、そう。どうもありがとう」

気分はわるくない。これがコートだけならば、こうはならないだろう。マフラーが重要なのである。

マフラーのおかげで、だいぶ防寒対策は進んだが、足先と指先はどうにも厳しい。だが、風に立つ校長として、いずれやってくる春まで、やせ我慢を通したい。
　　　　　校長室だよりNo.687「マフラー」（2023.1.18)

◇人間ドック

　今年度は、人間ドックの年だった。今までならば、この日を目標に減量に励むのだが、今回は調整に失敗した。その結果、階級を上げてしまった。いつも思うのだが、健診センターのスタッフの皆さんは優しい。そして、慣れており、次から次へとミスなく業務をこなしていく。実に見事である。感心するばかりである。

　我々、健診者は、決められた服装に着替えるだけで、何だか具合がわるそうに見えてくるから不思議である。名前を呼ばれると、声のするほうに向かう。こんなに健診者がいて、間違ったりしないのか。自分の番が抜かされて、名前が呼ばれないことはないのか。いらぬことを考えてしまう。だが、ミスは起こらない。

　それぞれの検査に行くと、同じ説明を何人にもするのだろう。大変だなあと思う。何だか申し訳ない気分になってくる。途中から説明が雑になっているとは思えない。きちんと一人一人に対応してくれている。

　バリウムを飲む検査がある。横を向いたり、体をまわした

り、逆さになったりと、毎回ハードである。逆さになるときは、必死である。他の人も耐えているのかなと思ってしまう。たまに、厳しめの担当者にあたることがあるが、今回は優しい方で助かった。

　人間ドックに行くと、必ず出会いがある。知り合いと一緒になる。今回はというと、もう一人の方と一緒に胃の検査に移動し、廊下のいすに腰をおろしたタイミングだった。
「高澤先生ですか。中学校のときに、〇〇先生のクラスで、高澤先生に国語を習った〇〇です」
「ええそうなの。すぐにわかった？」
「名前が呼ばれるのを聞いて」
　そうなのである。けっこう大きな声で、自分の名前が何度も呼ばれる。それが人間ドックである。聞けば、中学校の教員になっているそうである。話しているうちに、スイッチが入り、一気に記憶が蘇る。これも人間ドックの楽しみの一つである。

　問題となるのは検査の結果である。毎回わるくなっていく。加齢もあるが、一番は運動不足である。数年前から動かなくなった。運動する機会がなくなった。ちょっとやそっと歩いたからといって、さほどの効果はないことは、過去の経験からわかっている。さて、どうするか。

　いただいた人間ドックの案内を読み、コロナ禍のため食事の提供がないことは理解していた。帰りに、どこで昼食をとるかと考えていたのだが、結果のわるさに、食欲もどこかにいってしまった。すべてが終了するタイミングで、袋を渡さ

れた。「軽食を用意しました」とのことで、中には調理パンが２つとあんパンが１つ入っていた。予期していなかったためか、落ち込んでいたためか、うれしかった。心にしみた。コンビニのコーヒーとともに、おいしくいただいた。

　コロナ禍になり、今まで以上に病院に勤務する方は大変だろうと思う。それでも笑顔を絶やさず、一人一人にきちんと対応してくれる。ありがたい。そんなことを考えながら、学校に戻った。勤務を終え、家に帰った。そして考えた。
「よし、階級を落とすぞ」
　そう心に誓った。
　　　　　　　　校長室だよりNo.694「人間ドック」（2023.1.31）

◇逸品というもの

　長く生きていると、ずっと欲しいのだが、なかなか手に入れることができないものが一つや二つはある。珍しいものだから手に入らないのではない。お金を出す踏ん切りがつかないのである。

　例えば仕事用の通勤カバンである。今までにどのくらい買っただろうか。けっこうな数である。気に入って買っているのではない。妥協して仕方なく買っている。春、秋、冬は同じカバンだが、夏は違うカバンにしてきた。夏はクールビズである。ネクタイもしないし、上着をまとう機会も少ない。それに合わせてややカジュアルなカバンにしている。

ずっといいカバンが欲しいと思ってきた。ふいにドラマは予想しない展開となる。高級ブランドのショップに入ることがある。本気で買う気などない。たまに、妻の目にとまり、妻を誘惑するバッグに出合うことがある。そういうときは、「買ったら」と私は言う。すると、妻は熟慮の末、買うときもあれば、見送ることもある。

　いつものように高級ブランドショップに入った。いつものように見るだけのつもりだった。ところが、妻がカバンを買ったらと勧めるのである。幸運はふいにやってくる。最初は遠慮していたのだが、どうもいつもの妻と違う。チャンス到来である。そうであるならばと、本気モードに入った。なにせ人生最後の通勤カバンの購入である。散々迷うのかと思いきや、すぐに決まった。いいものはいいのである。値段も色も素材もいい。一度いいと思ったら、他の物を見ても、なかなか気は変わらない。結局、数点による激戦を勝ち抜き、最初のものが私の最後のカバンという栄誉に輝いた。

　それからが、大変である。一ついいものを身に着けると、他の物も釣り合うようにしないとバランスがわるい。スーツ、シャツ、ネクタイ、それに靴である。仕方なく、今まで温存してきた革靴をデビューさせた。そして、車である。月に向かってきた車では合わない。ちょうどいいタイミングで車も新しくなった。この車もカバンと同様に逸品である。何かと気を遣う。

　カバンはいつも私に守られている。小雨が降ると、濡れないようにと、スーツの上着やコートに守られる。置き場所に

も神経を使う。車はというと、駐車スペースが問題である。わざわざ混んでいない遠い場所に置くようになった。以前にも増して前の車との車間距離をとるようになった。かえって安全運転になる。いつも慎重に運転している。以前よりも疲れる。だが、嫌ではない。

　計算してみた。今までに買った中途半端なカバンの値段を足してみる。新しく買った逸品のカバンが簡単に買える。こういったことはよくある。冬のコートなどもそうである。結局、損をしているような気分になってくる。逸品を大事に長く使った方がよいのだろう。しかし、私にはその決断ができなかった。

　今回、ひょんなことから、カバンに靴、そして車がそろった。何だかシャキッとしてくる。それがいいのだろう。いずれもずっと大事にするつもりである。逸品とはそういうものだろう。

校長室だよりNo.712「逸品」（2023.3.6）

◇押し間違えている場合じゃない

　今の仕事の場合、毎日のルーティンとして押印がある。押す印鑑は2種類である。校長としての私印と職印である。割合としては、3：2で私印の方が多い。

　本校の教頭先生は、私に気を遣ってか、押印するものがたまらないようにと、一日に数回に分けて、校長室に持ってき

てくれる。その方が、起案者である先生方の手元に早く戻ることになる。また、私の方も、1回あたりの量が少ない方が判断力が働く。教頭先生に感謝である。

　7月のある日だった。時は夕刻だった。教頭先生が、たった一つだけ起案文書を持ってきた。私印を押せばよいものだった。中身を確認した。問題はなかった。ところが、何を勘違いしたのか、いつものように二段目の引き出しから印鑑ボックスを取り出し、職印を手にした。あろうことか、私印用の小さな枠に大きな職印を押してしまった。自分で笑ってしまった。「なんで言ってくれないの」と笑いながら教頭先生を責めていた。

　さすがに、こんなことは初めてだった。教頭先生は、「お疲れなんでしょう」と気遣ってくれた。だが、違う。ボケているだけである。自覚症状もある。起案者には「特別に職印を押しておいたから」と、わけのわからない言い訳をしておいた。

　これはマズイ、そう思った。珍しく病院に行き、数日前から薬を服用していた。家に帰り、夕食後の薬を手にした。飲もうとして踏みとどまった。2錠でいいのに、4錠も手にしていた。

　やはりマズイ。何かがおかしい。この日は、出張の際に、車のナンバーを書いたが、前の車のナンバーを書いてしまった。同じ日に、何度もボケていた。少しばかり焦る。

　そこで、考えた。単純な数字が覚えられない。人の名前が出てこない。メモをしながら漢字が出てこない。単なる年か。

それなりに頭は使っているはずである。人の話を聞いたり、文書を読んだりして、判断をしている。この「校長室だより〜燦燦〜」の原稿だって毎日打っているではないか。

だが、何かが違う。きっと、パソコンを打つだけではだめなのである。やはり、手で書かなければ脳みそが働かないような気がする。

さらに、考えた。解決策の一つが浮かんだ。国語の授業をすることである。考えながら人に話す。黒板に文字を書く。漢字が書けるか心配ではある。授業を行っていたときと比べると、人前で話したり、手で文字を書いたりする機会も量も減った。これが、よくないのではないか。

だからと言って、２学期から授業をやるわけにもいかない。授業に代わるようなものはないか。いや、来年の４月から授業をやればいいのである。そういう結論に至った。

２学期からは、衰えていく自分と本気で闘うことにした。まずは、職印を正しく、丁寧に、気持ちを込めて押すことから始めようと思う。職印には責任がある。間違えている場合ではない。

　　　　　校長室だよりNo.819「職印」（2023.8.15）

◇閉店余情

私が、今までに勤務した学校のうち２つの学校がなくなってしまった。閉校である。時代の流れとはいえ、さびしい気

持ちになる。学校はなくなっても、お世話になったという感謝の念はずっと持っていたい。

　ここのところ、閉店という話題を耳にすることが多くなった。老舗百貨店、中核市にはあって当たり前の大型スーパー、何十年も続いた有名店などである。

　数年前に、福島市の北部エリアにあったラーメン店が閉店した。その店は、ご主人が一代で築いた店だった。貼り紙には、「もう疲れました」とあった。閉店する直前に、3日連続で通った。注文するのは、いつも決まっていた。それを3日続けて食べさせてもらった。もう食べることができなくなると思ったのだろう。今でも、ふと懐かしく食べたくなるときがある。

　福島市の老舗飲食店も閉店した。すずらん通りにあったお店を移転させたものだった。すずらん通りといっても、若い人はわからないだろう。現在のパセオ通りである。コロナ禍も落ち着いて、これからというときにどうしたのだろうと思った。女性オーナーが高齢のためなのかと思っていた。だが、違っていた。閉店の理由は、人手不足だった。意外だった。たまたまだが、この店には、今年になって3回行っていた。3回目は、閉店直前だった。頼んだものが、なかなか出てこない。人手不足、なるほどである。

　喜多方の有名店が、そのうちなくなってしまうことは、ラーメン博士のような方から聞いて知っていた。それが、9月でやめてしまうという。急だった。間に合わなかった。最後の一杯を味わうことができなかった。喜多方から、あのお店

がなくなってしまう。さびしい限りである。

　もう何年前かは忘れてしまったが、初めてこの店に行き、喜多方ラーメンというものを知った気がする。チャーシューメンを注文した。おばあさんが運んできてくれた。どう見ても、チャーシューが少ない。忙しそうで、申し訳ないとは思ったが、一応言ってみた。すると、「今、なおしてきますから」。

　なおす？　どういうことだ？

　想像が膨らんだ。再び、おばあさんがやってきた。何のことはない。チャーシューが数枚増えただけだった。ラーメンを運んでくるおばあさんの右手の親指が、しっかりスープの中に沈んでいたのが懐かしい。

　これからも、長い伝統を持った店が閉店に追い込まれていくのかもしれない。それぞれに事情がある。高齢化、後継者不在、人手不足などである。お店がなくなっても、地域に貢献したこと、お客さんに幸せな時間を提供したことは、いつまでも残る。何人の人たちが、その店を訪れるたびに満足し、笑顔でそのお店を後にしたのかわからない。私も、その一人である。

　閉校や閉店には、マイナスなイメージがつきまとう。だが、その人の心の中にはずっと残る。そのことが大事である。
　　　　　　　　校長室だよりNo.879「閉店」（2023.10.23）

◇コンビニ店員、三者三様

　毎朝、コンビニエンスストアに立ち寄る。牛乳を買うためである。ルーティンのようなものである。

　この牛乳を買うコンビニをかえた。それまでは、私が店に入ると、店員さんがレジでストローを準備してくれているほどの店だった。「あの人は牛乳を買う人」と決まっていた。

　店をかえたため、一からやり直しとなった。リセットである。どうやら、私が訪れる時間帯は、3人体制のようである。一人は、店長らしき人、もう一人は、若くてテキパキとした人、そして、もう一人が、若くてスローな人である。

　どの店員さんにあたるかは、その日に行ってみないとわからない。何度か行っているうちに、お三方の特性が見えてきた。私がレジに向かう前に、ストローが用意されることを期待はしていなかった。ところが、前の店と同じような現象が起きた。

　3人の中で、一番早くストローを準備するようになったのは、テキパキとした若手だった。レジに行く。「おはようございます」。そして、素早くレジを打ち、私のスマホにバーコード読み取り機をかざし、はい終了である。一連の流れがスムーズである。こちらも自然と彼のペースに合わせるようになる。「ありがとうございました」で気持ちよく店を出る。

　店長らしき人も、ほどなくしてストローを前もって出してくれるようになった。前述の若手よりは、動きがスローなため、こちらとしてはちょうどよい感じである。せかされるこ

とはない。あいさつもよい。

　もう一人のスローな若手だが、まず「おはようございます」がない。動きがスローなため、こちらがスマホを出すと、やや遅れての対応となる。バーコード読み取り機を両手で持っている。かえってやりづらくはないのだろうか。問題は、ストローである。私がレジに行く前に、彼の左手にはストローがある。だが、見えないようにしている。そして、私が間違いなく牛乳をレジに出すと、おそるおそるストローを出す。実に彼らしい。「ありがとうございました」はない。

　こうだからといって、不満はない。三者三様である。テキパキとした若手は、私が牛乳を手にする前から、レジにストローを出している。スローな若手は、私が牛乳を手にするのを確認し、まずはストローを左手に持つ。だが、ストローの位置は、レジ台の下である。私からは見えない。対照的である。

　毎朝、このお三方のお世話になっている。私の予想よりも早く、ストローが出てくるようになった。まさか、コンビニのマニュアルにあるわけではないだろう。一つの心遣いである。

　スローな若手のことは、何だか応援したくなる。彼の成長を見守りながら、朝の牛乳を味わいたい。

　　　　　校長室だよりNo.944「ストロー」（2024.1.13）

◇黒革の手袋

　自分が、こんなに手袋をするようになるとは思わなかった。手袋とは、革の手袋である。革の手袋に対するイメージがよくなかった。何だか、これからわるいことをしようとしているかのようである。刑事ドラマの見過ぎだろうか。

　もともと、あまり手袋をするタイプではなかった。ポケットに手を突っ込むスタイルだった。奥会津の小学校では、毎朝、子どもたちを迎えに行っていた。さすがに、手袋なしでは辛かった。そこで、手袋をするようになった。本格的な革の代物ではない。町内でいかにもという手袋をするのが恥ずかしかった。何だか、浮いているような気がした。スポーツのときなどに使っている手袋に落ち着いた。

　高校では、毎朝、外に立って生徒たちを出迎えた。校舎が城跡の高台にあり、冬になると、厳しい寒風が吹きつける。手袋なしでは我慢ができない。ここでも、革の手袋は不似合いのような気がした。だが、スポーツ手袋では、どうにもこうにも指先が冷たい。試しに、革の手袋を使ってみた。劇的な改善は見られなかったが、こちらの方がいいと判断した。

　今でも、毎朝、学校の入り口に立っている。コートに革の手袋というスタイルである。もう、すっかり黒の革手袋にも慣れてきた。この手袋を使い出したときには、購入してから20年近くが経過していた。袋に入れて、クローゼットに置いておいただけである。全く劣化していない。物がいいからだろうか。

イタリアのローマにいるときだった。イタリアといえば革製品である。イタリアのお土産に何かと考えたところ、手袋が浮かんだ。それまでまともな手袋というものを持ったことがなかった。スペイン階段の近くに手袋の専門店があった。試しに行ってみた。中に入ると、手袋だらけだった。それまで、手袋をする習慣はなかったのだが、記念にと購入することにした。

　店員さんに手を見せた。すると、一つの手袋を持ってきた。手を入れてみた。ぴったりジャストサイズだった。これが、今も愛用している黒革の手袋である。店員さんのことをすごいと思った。「あなたのサイズはこれね」のようなイタリア語を話してくれた。毎日、毎日、人の手を見て手袋を扱っていると、こうなるのかと思った。達人である。

　手袋もそうだが、今使っているバッグもそうである。いい物は、自然と大切に使おうとする。安価で中途半端な物を雑に扱うよりも、いい物と付き合っていった方がよい。だいぶ時間がかかったが、そのことに気づいた。

　いい物なのだが、使えずにいる物は、まだまだある。傘もそうである。もったいないし、忘れてきそうで怖くて使えない。結局、ビニール傘を愛用している。手袋も、油断するとなくしそうである。だから、いつもコートのポケットの奥の方にしまうようにしている。今年の冬も、黒革の手袋は大活躍である。

　おかげで、しもやけにならずに済んでいる。これからも大事に扱っていきたい。

日々に学ぶ

校長室だよりNo.958「手袋」(2024.1.29)

◇露天風呂

　自分は、相手からすると話しかけづらい人間だと思っている。いつも考え事をして、むずかしい顔をしているように思う。

　だが、なぜか話しかけられる場所がある。露天風呂である。なぜだろうか。ついついリラックスしているからだろうか。話しかけられるのはいいのだが、どこで切り上げて、露天風呂を後にするかがむずかしい。

　こういったシチュエーションでは、話は聞いているに限る。とはいっても、聞いているだけでは申し訳ない。そこで、気を遣って質問などしようものなら、話はまだまだ続く。そのうち、こちらのプライベートにまで話が及んでくる。どこに住んでいるのか。何の仕事をしているのか。次から次へと質問が飛んでくる。

　話を聞いていると、参考になることもある。そのため、決して嫌だというわけではない。たいていは、その温泉の常連さんである。きっと、その度ごとに、いろいろな人に話しかけているのだろう。私も、選ばれた一人である。

　露天風呂での私は、開放感、充実感、満足感に満たされ、自分ではわからないが穏やかな表情をしているのであろう。だから、話しかけやすいのかもしれない。温泉内を見渡す。

どちらかというと、話しかけづらい人の方が多いように思う。
　単身赴任のときには、「単身赴任で〇〇にいるんです」と答えやすかった。ところが、これで質問は終わらない。どんな仕事をしているのか。この質問がくると、答えに窮する。教員という身分を明かすには、多少の勇気がいる。それも、教頭や校長である。余計に言いづらい。
　相手の方は、100％、こちらを教員だとは思っていない。加えて、教頭や校長には見えないという問題もある。説明を要するときがある。いつぞやは、公務員という便利な言葉でごまかしたこともあった。ところが追及の手は緩まなかった。さらに突っ込んで聞かれることとなった。
　一人で、ゆっくりと露天風呂に浸かりたいこともある。だが、話しかけられるのもわるくはない。きっと、露天風呂という開放的なロケーションがいいのだろう。
　もし、私が、もう少し年を重ねていけば、露天風呂で見知らぬ人に話しかけるようになるのだろうか。どうも想像ができない。現在のところ、話しかけるようになるとは思えない。
　だが、人はわからない。意外と人は変わるものである。私が、露天風呂で話しかけるようになっていれば、それはだいぶ変わったということである。そんな自分になるかどうか楽しみでもある。これからも温泉に行き、露天風呂での出会いを心待ちにしたい。

校長室だよりNo.987「露天」（2024.3.5）

◇サイン

　日本は、印鑑の社会である。そのため、サインをする機会は少ない。ところが、ここのところ、サインをするようになった。芸能人になったわけではない。書籍を出版した。それを購入してくださった方から、サインをお願いされるのである。最初は、皆さん、私に気を遣って社交辞令で言ってくださっているものと思っていた。ところが、違った。本気だった。

　スタートは、昔からお世話になっている方からの依頼だった。私にとってのプロバスケットボールリーグ観戦の指南役である。場所は、飯坂温泉のとある温泉施設だった。一緒に温泉に行ったからである。

　書籍とサインペンを預けられた。ちょうど、低い机があった。そこに正座した。息を整え、何を書くかを考えた。パッと浮かんできた。

〈○○○○様へ　教育は愛です　教育は人の心が決めます〉のようなことを書いた。

　その書籍を出すきっかけを与えてくれた若手の国語教員には、〈○○○○君へ　教育に愛を！　授業に心を！　いつまでも期待しています〉と書いた。

　毎日、短編小説を書いている本校生徒には、〈○○○さんへ　才能を伸ばせ！　自分を信じろ！　自由に生きろ！　そして夢を叶えろ！〉と書いた。

　結局、毎回違うことを書いている。依頼者を前に、言葉が

湧いてくるから不思議である。サイン慣れしている有名人であれば、書くことを決めているかもしれない。だが、私の場合は、依頼者のことをよくわかっている状況で書くようになる。自ずと、その人をイメージして、その言葉がずっと残ることを考えて書いている。毎回、それなりに緊張する。その上、達筆ではない。字が下手である。ただ、心だけは込めて書いている。

　先日は、この４月から教壇に立つ方へのサインとなった。本校職員の娘さんである。この「校長室だより～燦燦～」のファンの方である。まだご本人に会ったことはない。
〈○○○○さんへ　教育は愛です　あなたにこれからの教育を託します　理想の教師像を追い求めて　あなたらしく努力してください〉

　思い返すと、自分も書籍にサインをいただいたことがあった。大学の先生だった。サインは書籍とともに、ずっと残る。よく考えると、責任の重い大事な作業である。これからも、書籍にサインをする機会があるかもしれない。その人を前に、どんな言葉が浮かんでくるか、楽しみである。

　これからサインをする予定の方がいる。妻である。書籍が出版され、最初にその本をプレゼントした相手である。まだ、サインをしていなかった。果たして、本人を前に言葉が浮かぶのだろうか。心配である。
〈○○○○さんへ　この本は　あなたの支えがあって　世に出ました　国語人として　ともに歩んでいきましょう〉

　　　　　　　　　校長室だよりNo.995「サイン」（2024.3.19）

自然に学ぶ

◇両親の梨づくり

　私の両親は、福島で梨をつくっている。家のまわりには一面梨畑が広がっている。二人でもう40年以上も梨をつくり続けている。

　梨は、4月下旬になると白くきれいな花を咲かせる。花が咲くと細い棒の先に綿毛のようなものをつけた道具を手にして「花粉交配」という作業を始める。梨の花には虫がつかないので人の手に頼るしかない。花々一つ一つにあいさつでもするように、「ポンポン、ポンポン」と数え切れないほどの木に、競い合うように咲き誇っている花を軽くたたいていく。

　私も何度か手伝ったことがあったが、すぐに首が痛くなってしまい長続きしなかった。二人はこの作業を毎年毎年何時間も行っている。おかげで我が家はゴールデンウィークに出かけたことが一度もない。

　花の季節が終わると、小さなかわいい実をつける。今度はこの大事な大事な実を守るために、袋をかぶせたり消毒をしたりと二人で朝早くから夕方遅くまで広大な梨畑を歩き回っている。

　初夏になると暖かくなってくるが、急に朝方冷え込むこと

がある。こんなときは大変である。一本一本の木に、重油を燃やすストーブのようなものを運ばなくてはならない。これを怠ると梨は全滅である。

　暑い夏がやってくると、梨はどんどん生長していく。もうそろそろ食べられるかなというときに、雹(ひょう)が降ってきたり台風がやってきたりしたら、今までの苦労は水の泡である。一日たりとも油断はできない。毎日天気予報は欠かさず見るようになる。

　９月。手塩にかけてきた梨の収穫である。一つ一つ大事に傷をつけないようにもぎ取っていく。そして、段ボールの箱に大事に丁寧に一つ一つ入れていく。この時期には毎日夜遅くまで作業が続く。よく父親が「今年の梨は小さくてだめだ」とか「今年の梨は甘くない」などという年があるが、私にはそうは思えない。毎年大きくてりっぱな甘い梨である。私はこんな二人に育ててもらった。

　毎年丹念な作業を繰り返してきた二人も、もう年である。あと数年しか梨をつくることはできないだろう。残念ながら跡を継ぐ者はいない。いや二人の跡を継ぐことができる者はいない。

　もう20年以上も前になる。これは、イタリア、ローマ日本人学校での全校朝会にて私が話した内容を同僚の先生に頼まれて原稿にしたものである。保護者向けの学校だよりにも載せた。

　異国の地に赴いた１学期の話である。児童生徒を前に、福

島のことを直接紹介するのではなく、自分の両親のことを話した。なぜそうしたのかは覚えていない。遠く離れてみて、親のありがたみがわかったのかもしれない。

　今年の梨はだめだった。先日、母親が気弱に「今年はだめだ」と言っていた。花が咲くときの天候がよくなかったらしい。母が「こんなのは初めてだ」と言っていた。小さい母が余計に小さく見えた。

　梨をつくる二人がそろわなくなって、まもなく３年になる。父親が存命であれば、果たして何と言っただろうか。やはり「今年の梨はだめだ」だろうか。そもそも父親が「今年の梨はいい」などと言ったのを聞いたことがない。自分にも梨にも厳しい人だった。

　　　　　校長室だよりNo.204「梨をつくる」（2020.10.5）

◇足温器のぬくもり

　今年も、いつの間にか師走に入っていた。残り１か月もない。これから、コロナ禍とはいえ例年のようにジングルベルに追いまくられて、クリスマス、大晦日、除夜の鐘、ゆく年くる年と、次から次へと慌ただしく過ぎていくのだろうか。

　今はまだ初冬だが、これから福島の平地にも雪が舞い降り、本格的な冬がやってくる。冬は寒くて嫌だと言う人もいるが、私は好きである。もともと寒さは苦にならないほうである。なにしろ、我が家にはストーブというものがなかった。暖房

機器といえば、こたつだけである。食事のときの台所の寒さといったらなかなかのものである。今思うと、よく我慢できたなあと思う。当然自分の部屋には、暖房機器など全くない。朝起きると、そこは氷点下の世界である。

　中学３年生の冬のことだった。受験勉強のためにと、親にねだり「足温器」なるものを買ってもらった。今でも売っているのだろうか。まさしく足だけを温めるものである。寝袋を半分にちょん切ったような形状である。足温器に足を入れたいがために、机に向かった覚えがある。そのくらい寒かった。だが、30分もすると気持ち良くなり眠ってしまったことが何度もあった。この足温器には高校３年生までお世話になった。まさに、冬の"必需品"だったわけである。

　ここで断っておくが、我が家がストーブを買えないほど貧しかったわけではない。父親が、火事の危険性があるからと、なるべく火の気のあるものを家の中に置かなかったのである。それは、今でも変わっていない。『字のないはがき』に出てくる向田邦子の父親ほどではないが、とにかく厳格な父親であった。

　そんな父親に、ずっと反発していた。いつも一触即発だった。いつ頃からだろうか。素直に話せるようになったのは。結婚してからだろうか。そんな父親と母親をどこかに連れていってやりたいなどと考え、車を買うときにわざわざ８人乗りの車にした。おかげでだいぶ高くついてしまった。これには、実は落ちがある。知らなかったことだが、父親は車酔いをするのである。自分で運転しているときはいいのだが、人

の車に乗ると酔ってしまうのである。そんなこんなで父親は私の車に乗らずじまいであった。

　あの足温器は、どこに行ってしまったのだろう。母親のことだから、物置の2階にちゃんとしまってあることだろう。もう一度足温器を使いたいと言えば、すぐに探して持ってきてくれるにちがいない。そんな母親である。

　足温器にもう一度足を突っ込んでみたいという懐かしさと、二度と見たくもないという気持ちと半々で、なんとも複雑な思いである。中学時代の冬、まさしく足温器の冬である。寒くて仕方がなかった我が家だが、いつの間にか、石油ファンヒーターが登場していた。年老いた両親のためには、その方がよい。

　　校長室だよりNo.247「足温器のぬくもり」（2020.12.7）

◇雪うさぎ

　長く福島市に住んでいるが、吾妻小富士の「雪うさぎ」を毎日見るのは、中学校以来のような気がする。ここのところ毎日見えるのである。毎朝、天気がいい。それも快晴である。おかげで、雪うさぎがくっきりと見える。

　こんなに好天が続くのは珍しいのではなかろうか。雪うさぎが成長（うさぎの形に近づいていく）していくのがよくわかる。観察日誌はつけていないが、これなら毎日写真を撮っておけばよかった。

毎朝、校門前の横断歩道のところに立っている。すると、目の前に雪うさぎが現れる。日に日に目がくっきりとしてきて、まるでこちらを見ているようである。一人一人の生徒に「おはようございます」と声をかける。その姿を雪うさぎはじっと見ている。

　数日間、横断歩道のところに立ってみた。私には心配事があった。横断歩道がある道路はかなりの交通量である。車が次から次へと通っていく。すぐ側に立っていると、正直こわい。果たして信号がない横断歩道で車は止まってくれるのだろうか。出勤時はどなたも急いでいるだろう。しかし、それは杞憂に終わった。

　実際はというと、本校の生徒たちが横断歩道に来ると、車はちゃんと止まってくれている。そして、生徒たちは会釈しながら小走りに横断歩道を渡っていく。たまに、車が止まってくれているのにもかかわらず、横断歩道を渡るのを躊躇してしまう生徒がいる。そういうときには、私が「渡っていいよ」と声をかける。

　私はというと、止まってくれた車、一台一台に頭を下げている。すると、何だか朝から気分がよい。こんな様子も雪うさぎはじっと見つめている。それでも、毎朝、生徒が横断中に事故に遭わないかと気をつけながら見ている。

　1年生も中学校に入学して1週間が経過し、登校の様子にも変化が起きている。どうにもこうにも危なっかしい感じだったものが、少しずつ落ち着きが出てきて、しっくりくるようになってきた。学校生活も同様であろう。まずは、安全に

自然に学ぶ

学校に来ることが最優先である。

　そろそろ各教科の授業も本格的にスタートするであろう。今度は中学校の学習に慣れなければならない。少しずつ自分のペースをつくっていかなければならない。それが習慣化され、ようやく中学生となる。まだまだ時間もエネルギーも必要である。

　しばらくの間は、雪うさぎとともに、1年生の様子を注意深く見守っていきたい。そして、雪うさぎが役目を終え、吾妻小富士から消え去る頃には、1年生から3年生まで、野田中学校の生徒たちが日々成長し、力をつけていく集団となっていることを願っている。

　それにしても、種まきうさぎこと、吾妻の雪うさぎは見事である。偶然の産物とはいえ、福島を代表する春の風物詩である。

校長室だよりNo.342「雪うさぎ」（2021.4.13）

◇桜めぐり

　今年は例年になく桜の開花が早かった。いつものことだが、福島市の桜はゆっくりと味わう間もなく気がつくと散ってしまっている。どうも慌ただしい時期には桜を愛でる余裕もなくなってしまうようだ。

　だが、桜が素晴らしいのは、桜前線と言うように、場所をかえてどんどん咲いてくれる点である。昨年の場合だと、最

初に見た桜は首都圏の桜だった。娘が都会の大学に進学することになり、3月に引っ越しをした。そのときに見た桜は、それはそれはきれいだった。

まだ、あの時点では、引っ越したはいいが、すぐに福島に戻ってくることになるとは思ってはいなかった。ただ、大学の入学式がなくなること、大学の授業がオンラインになることなどはわかっていた。それでも、希望に満ち溢れた見事な桜だったのである。

首都圏の次は、福島市の桜だった。コロナ禍により、すでに遠出はしにくくなっていた。それで、近場ということで何十年ぶりかで大森城山の桜を見に行った。人はまばらだった。ついでに、今年はチャンスとばかりに花見山にも近づいてみた。案の定、立ち入り禁止だった。それでもあきらめきれずに、花見山をわき目に奥のほうまで進んでみた。すると、大きな池があり、桜の木がたくさんあった。おもいがけずゆっくりと桜を楽しむことができた。

今年はというと、福島市の桜はほとんど眺めることはなかった。そこで、考えた。会津ならば、これからである。調べてみると、桜の名所がたくさんあることがわかった。資料を見ていると、知らない福島がたくさんあることに気づかされる。

私は、南会津に奥会津と、二度ほど単身赴任で会津に住んでいたことがある。その頃は、約1か月間にわたって桜を楽しむことができた。信夫の里福島の桜でスタートして、会津若松の桜、猪苗代の桜、下郷の桜、南会津の桜、柳津、三島、

金山の桜と、ひと月もの間、どこかしらで桜が咲いていた。金山の桜は大型連休(ゴールデンウィーク)が見頃である。

娘は3月に都会へと戻っていった。今年は7割は対面での授業を行うそうである。3月31日には、大学側の配慮により、1年遅れの入学式をやっていただいた。ライブ配信により、その様子を見ることができた。

学長さんをはじめ、数名の方があいさつをされた。そのあいさつからは、学生に対する思いが感じられた。大学の方々は、ゆったりとしており、せかせかしていない。話の内容も実に知的であった。見習うべき点が多かった。

最初は1年遅れの式でどうなのかと思っていたが、その場にはいられなくても、十分にいい入学式だと感じることができた。親として大学への感謝の思いが湧いてきた。娘も式に出席してよかったと感じたようだった。

昨年の桜、今年の桜、それぞれ感慨深いものがある。果たして来年はどんな桜を見ることになるのだろうか。やはり日本人にとっても私にとっても桜は特別な花であることは間違いない。

校長室だよりNo.343「桜・さくら」(2021.4.14)

◇花咲山

先日、花見山公園に行ってきた。もう何年ぶりになるか定かではない。かの秋山庄太郎氏のおかげで、幸か不幸か花見

山公園は一気に知名度が上がり、花見のシーズンには地元民である私など近づくことすらできない遠い存在となってしまっていた。

　もはや憧れとなっていた花見山に、何とか行くチャンスはないかと考えていた。ふと、思い立って行ってみることにした。道はスイスイ、駐車場には車は１台もなかった。桜のシーズンではなく、コロナ禍でもあるせいか、訪れていたのは徒歩で来園していた数人という状態であった。

　さてさてどんな花が咲いているのかと案内表示板を見てみると、５月下旬から６月上旬は、何も咲いてはいないという、１年を通しても珍しい期間であることがわかった。道理で人がいないわけである。

　それでも、軽いハイキング気分で歩き出した。案内表示には、30分コース、45分コース、60分コースとある。非常にわかりやすい。とりあえず、花見山の頂を目指すことにした。途中は緑のみである。当たり前だが、本当に花は咲いていない。悲しいかな案内表示は正しかった。

　頂上にたどり着いた。福島盆地が一望できた。東の方角から信夫の里を見ることはめったにない。新鮮であった。福島市役所の建物が意外と大きいことに気づかされた。普段は見ることがない方角からの信夫山は、いつもとは違う表情を見せていた。我が家はというと、一盃森(いっぱいもり)の陰で残念ながら見えない。暑くもなく寒くもなく、その上、風もないという穏やかな花見山日和だった。花はなかったが、近くて遠い花見山に来ることができたという小さな達成感と満足感を味わうこ

自然に学ぶ

とができた。
　この手入れが行き届いた公園が個人の持ち物だというから、今更ながら驚かされる。まさに福島が誇る名所であり、福島の宝である。だが、正直に言うと、やはり花見山の桜をこの目で見てみたい。
　私の妻は、よく花見山を"花咲山"と言っている。昔、「花咲山じゃなくて花見山じゃないの」と指摘したことがあった。
「いいの、花咲山なの」
　そう返ってきた。妻にとっては、花咲山なのである。
　確かに、まだ桜のシーズンに訪れることができていた花見山から見える桜は、花咲山という表現が合っていたように思う。彼女の感性なのだろう。そして、自分のものとしての花見山を表現していたのだろうと思う。彼女にとって、花見山、いや花咲山は、特別な存在なのである。
　桜のシーズンをはずせば、花見山に来ることができるとわかった。アナザースカイとまでは言わないが、ちょっとした気分転換にはいいかもしれない。近いので年に何度でも来ることができる。あるいは、桜のシーズンでも、徒歩による強行突破を企ててみようか。そんなことも考えた。
　これからは、私も花見山ではなく、花咲山と言うことにするか。我が家専用の呼び名があってもいいだろう。花咲山、いいかもしれない。
　　　　　　　校長室だよりNo.372「花咲山」（2021.6.10）

◇紅い山

　今年は、よく山を見ている。野田中学校から吾妻連峰を望むと、何の障害物もない。よく見える。

　安達太良連山を見ても、見晴らしがよい。春から初夏にかけては、青い山だった。それが、10月から11月にかけては、紅い山となった。毎週見ていると、徐々に紅葉が山頂部から麓へと下りてくる様子がよくわかる。

　昨年の紅葉シーズンには、思い立って、数年ぶりに磐梯吾妻スカイラインを目指してみた。ところがである。まだまだ高湯温泉にも着かないという地点で、全く車が進まなくなった。渋滞である。これでは、間違いなく歩いたほうが早い。それでも、せっかく来たのだからと、もう少し行けるところまで行ってみようと判断したのが間違いだった。

　その日は、妻の愛車で出かけた。それも間違いだった。ちょっと進み、すぐに止まる。またちょっと進み、またすぐに止まる。こんなことを繰り返しているうちに、車が悲鳴を上げた。何か焦げるような臭いがしてきた。すると、見たこともないマークが点灯した。警告音も鳴った。

　これらのことが、一度に襲いかかってくると、さすがに焦る。異常事態であることは確かである。このまま、車が動かなくなったらどうしよう。この大渋滞である。多大な迷惑をかけることになる。瞬時に考えた。

「だめだ。戻ろう」

それが結論だった。幸い、紅葉見物をあきらめて、狭い道をＵターンしていく車が出始めていた。妻の車も、その流れに乗ることにした。ただ、他の人たちと違っていたことがある。それは、紅葉をあきらめたのではなく、車が心配だった点である。

　車は、臭ったまま、麓まで何とか無事に下ってきた。早速、道端に車を止めた。そして、また考えた。とりあえず、車屋さんに電話をした。症状を伝えた。点灯したマークを元に戻す方法も教わった。少し様子を見てくださいとのことだった。経過観察ということか。妻は、かなり心配していた。それはそうである。車の持ち主である。

　数日後、ちょうど12か月点検があり、妻の車を持っていった。そこで、詳しい説明を聞いた。納得はいったが、車の弱点も判明した。日本車ならば、起きないトラブルに思えた。紅葉シーズンのスカイラインには妻の車では行ってはいけない。それが今回わかったことだった。

　今年は、最初からあきらめて、近づくこともしなかった。週末はむずかしい。そんなこんなで、紅葉というものを、一番いい時期に見たことがない。たいてい、少し遅れた11月上旬となってしまう。当分の間は、徐々に紅色へと変わっていく吾妻山を下界から見上げるしかないようである。

　以前、この校長室だよりに「青い山」と書いたが、見ていると、意外と緑色に見える日が多いことに気づいた。見慣れた吾妻連峰も、ほどなくして、今度は白い山へと変わっていく。緑、青、紅、白と飽きることなく、山々は、その姿を見

せてくれる。これも、野田中学校ならではの楽しみなのかもしれない。

校長室だよりNo.464「紅い山」（2021.11.30）

◇尾瀬の絵

　この前、以前から気にはなっていながらも、なかなか行く機会がなかったお店に行ってみた。昔から地元に根ざしたお店である。コロナ禍になってからは、このように地元密着型の過ごし方が多い。時間はお昼である。妻と店に入った後に、３組ほど立て続けに入ってきた。ご近所さんだろうか。昔から通っているのであろう。年配の方が多い。

　注文を終え、店内を見回していると、飾ってある絵に目が留まった。妻も同じ絵を見ていた。すぐにどなたの絵なのかわかった。サインを確認し、間違いないという確信を得た。描かれている風景がどこなのかもすぐにわかった。

　それは尾瀬だった。描いたのは、我々の仲人さんである。今は、結婚する際に仲人さんなど頼まないのかもしれない。私たちの頃は、まだまだ仲人さんがいるのが当たり前だった。我々の仲人さんは、当時、小学校の校長先生だった。専門は美術、図画工作である。現役の頃から絵は描いていたが、ご退職後、本格的に制作活動が始まった。

　すると、尾瀬の絵をよく描くようになった。ライフワークとなっていたのかもしれない。いつだったか、仲人さんの尾

瀬の絵が切手になったことがあった。私たちの結婚のお祝いにいただいたのも尾瀬の絵だった。私の実家にも何点か尾瀬の絵がある。

　この店にあったのも尾瀬の絵である。店内をよく見ると、他にもあった。どれも小さな絵である。尾瀬のかわいらしい風景がよく似合うサイズである。同じ尾瀬でも、我が家や実家にあるものとは少し雰囲気が違うと感じた。描かれた時期によるのだろう。

　このお店は、以前はお寿司屋さんだったのか、お寿司と他のメニューとがある。もう昔のことだが、仲人さんのお宅に伺ったときに、お寿司をご馳走になったことがあった。あのお寿司は、この店から出前されたものだろうという結論に至った。このお店と仲人さんのお宅は同じエリアにある。それで、お店には仲人さんの尾瀬の絵が飾られているのだろうと納得した。

　このお店の建物は古いが、よく手入れが行き届いており、清潔感がある。旅館でも同じような建物を見ることがある。そこで働く人の心持ちの問題であろう。きれいな店内に、目立たず、されどまるで尾瀬の花々のように確かな存在感を示す絵である。このお店だからこそ、よく似合う。

　仲人さんは、数年前にこの世を去った。だが、その思いが込められた作品は、様々な所で輝きを放っている。仲人さんが何度も通った尾瀬の美しさが、その絵を見る人に何かを語りかける。尾瀬のかわいらしい絵には仲人さんの人柄や、長年にわたり子どもの教育に携わってきた優しさが溢れている。

もう一度このお店に来たときには、仲人さんの話題を出してみようと思う。

校長室だよりNo.541「尾瀬」（2022.4.20）

◇本当の幸せ

　ここ数年だろうか。幸せということについて考察するようになったのは。普段何気なく生活していても、幸せに関する文章を目にすることが多い。自ずとこちらも考えるようになる。世の中が幸せについて考えざるを得ない状況になっているということか。それだけ、幸せとは対極にある状況が起きている。

　小さな草花は、私たちの身の回りに当たり前のように咲いている。だが、心の中が悩みや妄想、仕事のことでいっぱいになっているときは、目の前にあっても決して目に留まることはないかもしれない。その美しさ、すばらしさに気づかないでいるのは、実にもったいないように思う。時間をつくって小さな草花などに意識を向けることで、目の前の景色が明るく感じられるようになる。

　私たちは幸せや喜びというと、外部から何らかの刺激がもたらされることをイメージしがちである。何か特別なことが起こらないと、幸せが自分の身にやってくることはないと思いがちである。宝くじが当たる、入試や就職試験に合格する、海外旅行に行くなどが、その類である。反対に、それらがう

まくいかなかったりすると、不幸だ、失敗だと落ち込んでしまう。

　真の幸せとは、そういう出来事に支配されないように思う。本当の幸せとは、当たり前のことがいかにすばらしいかに気づくことである。静かに自分の心を落ち着かせて、何気ない自然の情景や出来事に意識を向ければ、そこに何らかの発見があるだろう。

　多くの人は、このようなことに気づいているのかもしれない。だが、人は欲深い生き物である。欲というものは大切なものである。その一方で、扱い方を間違えると悲劇をもたらす。それは、人類の歴史が証明している。

　中学生でも、すでに本当の幸せに気づいている生徒がいる。それは、コロナ禍という状況がきっかけだったかもしれない。会話がない給食、顔の半分を覆うマスクなど、当たり前の尊さやありがたさに気づいた中学生も多いことだろう。また、世の中には、東日本大震災や様々な自然災害などを契機に考えた人もたくさんいるだろう。それが、自分の人生に大きな影響を及ぼしている人も多いはずである。

　当たり前の日常が、いかに大切なことか。多くの人がこのことに気づき始めている。コロナが収まれば、また元に戻ってしまうのだろうか。人には、喉元過ぎれば熱さを忘れるという傾向がある。だからやっていけるという側面もある。だが、今回の苦難から学んだことは忘れてはいけない。

　来週から2学期が始まる。また、慌ただしい生活に戻る。それでも、身の回りの小さな草花に意識を向けられるように

したい。きっと、その方がいい教育ができそうである。
　　　　校長室だよりNo.608「本当の幸せ」（2022.8.19）

◇吾妻おろし

　野田中学校の正面玄関の扉は、横にスライドするタイプである。その扉が開かないし閉まらないことがある。赴任した４月当初は、開かなくて焦った。今では慣れた。建て付けがわるいのかというとそうではない。スムーズに開くこともある。

　扉の開け閉めに難儀するのは風のせいである。吾妻山からの強い風が正面玄関の扉を直撃する。すると、扉が開かなくなる。そのくらいの強い風である。その風は「吾妻おろし」と呼ばれている。秋の終わりから冬、そして春にかけて吾妻山から福島盆地に向かって強い風が吹く。地元では昔から吾妻おろしと呼び、この季節特有の風として認知されている。

　私の人生は、この吾妻おろしに翻弄されてきた。小学校のときは、この吾妻おろしに向かって登校していた。吹雪のときなど、前を向くことができない。ずっと下を向いたまま学校まで行く。一方、帰りは背中を押されているようでスイスイ帰れる。

　中学校はというと、やはり吾妻おろしに逆らっての登校である。学校に着く頃には、すでに疲れている。テニスコートでボールを打っていても大変である。まともにボールが飛ば

ない。強風でボールがどこまでも転がっていく。

　そして、最も吾妻おろしの影響を受けたのが高校時代である。朝はいい。元々なだらかな下り坂の上に追い風である。自転車をこがなくてもいいくらいの勢いである。遅刻しないようにと猛スピードでとばし、約25分で到着である。

　ところが、帰りは部活動を終え、すでに疲れている上に上り坂である。加えて向かい風である。自転車をこいでも進まない。自然と立ちこぎになる。腰は痛いし、背中は苦しいしで、何かのトレーニングをやっているかのようである。こぐのをやめ、自転車を引いて歩いたほうが早いくらいである。こんな調子だから、帰りは約50分もかかってしまう。ようやく家にたどり着くといった具合である。

　ここから勉強しようと思っても、あの頃の私には難しかった。疲れ果て、とりあえず寝た。朝早く起きて勉強するはずだった。だが、できるわけもなく、十分な睡眠時間となってしまっていた。朝、起きることができなかったときの、あの後味の悪さ、少しばかりの罪悪感は、思い出したくもない。

　高校時代に勉強しなかった言い訳を吾妻おろしに求めているだけなのだが、あの頃の向かい風はそのまま人生の向かい風だった。たまに、吾妻おろしに向かって自転車を必死にこいでいる高校生を見ると、「がんばれ！」と応援したくなる。だが、こういった高校生を見ることは滅多にない。きっとお家の方の車で登校しているのだろう。腰や背中を鍛えるならば別だが、家に帰ってから勉強する余力があったほうがよい。

　吾妻おろしの時期には、野田中学校に来校するお客さんも

大変である。本気で力を入れないと扉は閉まらない。たぶん、多くの方は、建て付けの悪い扉だと思っているだろう。

　毎朝、高校に通学するために、中学校の前を軽快にさっそうと自転車で通り過ぎていく卒業生がいる。お父さんに「娘さんは、いつも軽快に自転車で行きますね」と話したら「電動アシスト付き自転車なんです」とのことだった。

　時代は変わった。
　　　　　校長室だよりNo.654「吾妻下ろし」（2022.11.15）

◇春がくる、待望の春が

　まもなく弥生３月である。福島では、春の香りがしてきている。この春の訪れというものは、土地によってだいぶ異なる。

　２月上旬、出張で東京に行った。福島は、まだまだ冬である。当たり前のようにコートを着ていった。新幹線が東京駅に着く。いつものように迷わないよう慎重に出口を探し外に出る。

　あれっ、空気が違う。すでに、福島の３月上旬の陽気である。コートを着ながら歩いていると暑い。コートは大きな荷物へと変わる。そして、また新幹線に乗り、福島に戻る。いつものように寂しげな福島駅に着く。外に出る。寒い。コートなしではいられない。春から冬に戻る。

　単身赴任で二度ほど会津に住んだ。南会津では、雪も積も

るが、気温が低かった。マイナス16度、今まで経験したことがない世界だった。

　ある晴れた朝だった。空気がきれいだった。空気中にキラキラと光る小さな粒のようなものが見える。ダイヤモンドダストである。土地の人に教えてもらったことがある。ここは、北海道と同じだと。4月の入学式の頃になると、ようやく春らしくなってくる。明らかに福島市で迎える春とは違った。

　奥会津では、気温も低いが、雪の量が違った。雪の降り方が違う。雪国である。町の除雪体制は見事だった。夜中の2時頃から除雪車が動き出す。その腕がいい。ギリギリのラインで除雪をしていく。朝、町の人たちが活動をし始める頃には、除雪は完了している。町にとって、除雪は生命線である。奥会津の春は遅い。4月中旬くらいになって、ようやく春めいてくる。桜が咲くのは、5月の大型連休の頃である。

　南会津でも奥会津でも、土地の人たちは、冬を受け入れている。気温の低さも雪の量も、決して拒絶はしていない。ここで生きていくということは、寒さも雪も当たり前のように生活の一部にするということである。冬に対する覚悟が違う。

　春が訪れる。待望の春である。福島市にいると、春がやってくるのは当たり前のことで、年中行事の一つになっている。

　一方、南会津や奥会津では、当たり前の春ではない。今年もようやく春になった。春を迎える心持ちが違う。長く厳しい冬とともに歩んできたからこその春である。毎年、春の景色には、大きな変化はないだろう。だが、人々の心の中には、毎年、違う春が訪れているのではなかろうか。南会津や奥会

津では、冬も春も特別な季節なのである。
　わずか５年ほど暮らしたからといって、何がわかるというのだろう。私の言っていることは、的外れなのかもしれない。それでも、４つの季節のうち、冬と春が特別に思えたのは確かである。福島市では、春近しだが、南会津や奥会津では、まだまだ春は遠い。しばらくすると、今年も一味違った春がやってくるのだろう。そこには、春という季節の本当のよさがあるように思う。

　　　　　　校長室だよりNo.984「春近し」（2024.2.28）

過去に学ぶ

◇梁川の千羽鶴

4月1日から私の日中の居場所は、梁川高校の校長室となった。校長室には、意外と多種多様なものがある。その中に、
〈ありがとうございました　梁川小学校〉
と書かれた千羽鶴がある。ずっと気になっていた。

校長室の清掃には3年2組の生徒たちが月交代で来てくれる。9月になり、また新しいメンバーがやってきた。その中の一人の女子生徒が、例の千羽鶴に反応した。聞くと、震災後に梁川高校の校舎で小学校生活を送ったというではないか。これでようやく謎が解けた。

震災当時、梁川小学校は被災し、校舎が使えなくなった。やむなく、梁川中学校と梁川高校に分かれて学校生活を送るようになった。当時は梁川小学校、中学校、高校は、城跡の高台にあり、同じ敷地と言ってもいいほどお隣同士だった。現在は、梁川小学校は移転し、りっぱな校舎になっている。現在の梁川高生で梁川中学校出身の生徒は、この当時、まず元々の梁川小学校の校舎で学校生活を送った。そして、震災後は梁川中学校あるいは梁川高校の校舎で1年ほど生活した。次に仮設プレハブ教室に移った。最後は、現在の新しい梁川

小学校の校舎である。転校もしていないのに、4か所の学び舎で小学校生活を送ったことになる。

　梁川小学校からの千羽鶴は、当時の小学生が梁川高校の校舎を去るときに贈ったものだろう。奇しくも現在の梁川高生の中には、この千羽鶴を折った生徒がいるわけである。

　このようなことは梁川だけの話ではない。あの2011年3月11日から福島県内の多くの学校は通常の状態ではなくなった。通常であれば、転勤する教員は4月1日から新しい職場へと向かう。しかし、あのときは4月の異動がなかった。5月になってもない。6月もない。7月になってもない。そしてついに8月1日に転勤となった。

　私は、8月1日から福島県教育センターという学校ではない職場へと異動となった。この施設も被災し、通常の状態ではなかった。私が所属するチームの執務室は立入禁止となっていた。仕方なく狭い部屋に、机は長机、椅子は研修室にあった使えるもので何とかした。この施設には体育館もあったが、そこでは相馬農業高校飯舘分校の生徒が学校生活を送っていた。体育館を仕切って教室にしていた。

　この施設は、福島県内の小学校、中学校、高等学校の先生方のための研修施設である。県内の先生方が研修のためにやってくるところである。しかし、満足な研修ができる状態ではなかった。

　ではどうしたか。先生方が来られないのなら、こちらから先生方のところへ行くしかない。というわけで、私は福島県内の様々な学校を訪れることになった。相双地区にも行った。

磯部中学校に行った。学校は高台にあり無事であった。しかし、まわりは壊滅状態だった。集落が、街が消えている。しばし呆然としたことを覚えている。それでも生徒たちは明るく学校生活を送っていた。いや、明るくふるまっていたにちがいない。

　思い返すと、随分と経ったようにも感じるが、まだ8年である。当時の小学生は、まだ高校生である。県内のあちこちで千羽鶴ではないにせよ、同じような出来事があったはずである。

　震災当時は、中学生や高校生のお世話になっていた小学生が、これからどんどん社会へと巣立っていく。通常ではありえない経験をしてきた子どもたちである。何かしらパワーが備わっているはずである。内に秘めた思いを持っているはずである。校長室にある「梁川の千羽鶴」を見ながら、彼らの活躍と幸せを祈らずにはいられない。

校長室だよりNo.7「梁川の千羽鶴」(2019.11.19)

◇パンキョーを学ぶ理由

　だいぶ昔のことで申し訳ない。私は大学に入り講義を聞いていた。すると、そのほとんどがつまらなかった。自分がやりたい内容ではなかった。イメージしていた内容ではなかった。それらは「一般教養」と呼ばれるものだった。

　あの頃の私は、なぜこのつまらないものが大学生に必要な

のかわからなかった。大学に入ったら早く専門的なことを学びたいのに一般教養すなわち"パンキョー"は高校の授業の繰り返しのようでもあり、学部の専門性とはかけ離れたもののようでもあり、非常につまらなかった。いったい何のために大学に入ったのか。

　高校3年生の娘が大学を受験するため、大学のガイドブックを見る機会があった。カリキュラムを見てみると、1年次から学部、学科に関わる専門的な内容がある。昔のように一般教養が並んでいたりはしない。最初から目指しているものが明確なカリキュラムとなっている。その代わり、一般教養のようなものは自分で自由に選択できるようになっている。これならいい。

「すぐ役に立つことは、すぐ役に立たなくなる」ということがある。アメリカのマサチューセッツ工科大学の先生が次のようなことを言っている。

「マサチューセッツ工科大学は、科学技術の最先端の研究をしています。当然、学生にも最先端のことを教えるのですが、最先端の科学をいくら教えても、世の中に出ていくと、世の中の進歩は早いものだから、だいたい4年で陳腐化してしまいます。そうするとまた勉強し直さなければいけない。そんな4年で古くなるようなものを大学で教えてもしようがない。そうではなく、社会に出て新しいものが出てきても、それを吸収し、あるいは自ら新しいものをつくり出していく、そういうスキルを大学で教えるべきでしょう」

　なるほど、そういうことか。今頃になって私が大学の頃に

一般教養を学んだ理由がわかった。"パンキョー"などと言って揶揄している場合ではない。大学は、すぐには役に立たなくてもいいことを教えるのかもしれない。すぐに役に立つことは、世の中に出て、すぐ役に立たなくなる。すぐには役に立たないことが、実は長い目で見ると役に立つ。

　本当の教養というものは、すぐには役に立たないかもしれないけれど、長い人生を生きていく上で、自分を支える基盤になるものである。その基盤がしっかりしていれば、世の中の動きが早くてもブレることなく、自分の頭で物事を深く考えることができるようになる。

　人生をある程度生きてきた私は、今改めて勉強し直したいと思うようになった。もう10年ほど前になるが、高校のときにはあまり理解できなかった「世界史」を勉強し直したことがあった。すると、予想以上に理解できた。高校時代の私はいったい何をやっていたのだろうかとがっかりした。

　中学校の英語の学習内容を総復習したこともあった。こちらは理解するというよりは、覚えているかどうかの問題だった。「ああそういえば、こんなことも学習したな」の繰り返しである。

　自分からやる勉強はおもしろいし、楽しい。勉強とは本来そういうものである。だいぶ昔に「学校」を卒業したが、社会人になってからのほうが、熱心に勉強するようになった。高校時代にもう少し勉強していればと思うこともあるが、あの頃の私は、それができなかった。これからでも遅くはない。日々勉強あるのみである。

校長室だよりNo.21「パンキョー」(2019.12.9)

◇チキンライス

　私が小さい頃、小学生の頃までだが、おおよそ月に一度の割合であったろうか、母親に連れられて路線バスに乗り、福島の街に行くのが楽しみであった。あの頃の私にとって「マチに行く」とはそういうことであった。

　中合デパートや今はなき山田デパートなどを巡り、最後はいつもお決まりのパターンであった。あの頃、福島交通のバスターミナルが県庁前通りエリアにあった。ここがバスの始発だった。したがって、ここから乗れば確実に座ることができた。バスに乗る前には必ず行くところがあった。

　まずはバスターミナル近くの本屋さんである。ここで私は、母親に「好きな本を1冊選びなさい」と言われ、小学生向けの児童書のコーナーに行き、本選びに没頭したものである。そして家に帰り、買ってもらった本の表紙を眺め、ページをめくるときの幸せな気分といったら、他にたとえようのないものだった。この本屋さんの姿は今はない。

　本屋さんの次は昼ご飯である。外食である。小学生であったあの頃の私にとってはご馳走である。行くのは決まってバスターミナルの隣の「キッチンカロリー」という洋食屋さんだった。この店は今も健在である。行ってみるとわかるが、今では廃れてしまった県庁前通りエリアの中で、唯一、頑と

して動こうとしない昔ながらの洋食店である。母親は、決まって「好きなものを食べていいよ」と言ってくれた。

　しかしである。メニューを見ると、ステーキをはじめとして高額なものまで並んでいる。ここで子どもは考える。子どもという立場、母親が食べたいもの、我が家の経済状態などなど。私が出した結論は「チキンライス」だった。それほど高いわけではない。実に無難な選択である。それでも子どもにとっては、雰囲気のある洋食店で食べる特別なご馳走だった。

　いつの間にか、キッチンカロリーに行くと、私は決まってチキンライスを頼むようになっていた。母親はいつも「チキンライスでいいの？　他のにしたら」と言ってくれるのだが、子どもとしてはそうもいかない。

　これは何十年も前の話である。今時の子どもはどうなのであろうか。我が家の娘の場合だが、昔の私のように、メニューを見て考えている。それでいいと思う。私の方は、娘が内心困っていることがわかるので、まず私の注文を発表するようにしている。そうすることで、娘は注文に関して基準を設定することができる。めやすがわかるのである。ここまではいいなとかである。そのうち、娘をキッチンカロリーに連れていってチキンライスをご馳走してみようか。いったいどんな反応をするだろうか。

　好きな本を買ってもらい、チキンライスを堪能し、バスターミナルに行き、バスの座席を確保して座る。座ったときのほっとした安堵感と幸福感は大人になってからは味わえない

ものである。今でもたまにキッチンカロリーの前を通ると、昔の思い出とともにチキンライスが蘇る。

　キッチンカロリーには、大人になってからも何度か行ったことがある。さすがにチキンライスは食べない。雰囲気は昔のままで、かなりレトロな感じである。まるでショウワである。だが、それがいい。この店には変わってほしくない。いつまでも元気でいてほしい。チキンライスとともに。

　　　　校長室だよりNo.76「チキンライス」（2020.3.9）

◇学生食堂

　以前、学校ではないところに勤務していたことがある。その場所は、隣に大学があるところだった。昼休みの大学といえば、「学食」である。年に数回ではあるが、隣の大学の見学も兼ねて、学生食堂に行ったことがある。

　学食といえば、安い、早い、うまいである。この大学の学食は、まさしくそうだった。ただ、居心地がよくなかった。まわりは、ほとんどが女子学生なのである。我々はというと、見るからに部外者という雰囲気を漂わせた集団である。

　この大学の学生さんには、いつも感心させられた。あいさつがすばらしいだけでなく、こちらが困っていると、声をかけたりしてくれる。食券の買い方、食券を出す場所、座席の確保と、初めてのときは、いろいろとどぎまぎすることが多い。

いつぞやは、困ったことがあった。少なからず緊張して学食に並んでいると、遠くの方から「高澤先生」という声がした。「どうして、こんなところで」と思うのだが、以前勤務していた中学校の卒業生だった。それも、担任をしたわけでもなく、授業の担当もなく、部活動も違う。にもかかわらず、呼んでもらえた。

　しかし、こちらとしては、うれしいわけがない。恥ずかしいし、教員であることがばれてしまうではないか。挙句の果てには、近づいてきて、しばし昔話に花が咲くという展開である。

　最近、学生食堂の閉鎖や縮小が続いているそうである。昔は、講義が終わると、学食の座席の争奪戦があったものである。そのくらい、昼食を学食でとるのが当たり前だった。私のことになるが、学生時代にチキンカレーを何度食べたかわからない。280円だった。毎日、チキンカレーだった。それでも、学生の身だと飽きないから不思議である。

　長男が、大学に入るときに、学生食堂の「ミールクーポン」を購入した。一度に、結構な金額を払うことになるが、長い目で見れば、お得である。だが、これは、あくまでも長男が学生食堂を利用するという前提である。性善説に基づいている。クーポンを買ったはいいが、学食を利用しなければ、親としては泣くしかない。

　ミールクーポンを買えば、学食を利用することになり、栄養を摂ることができるだろうという妻の考えだった。このクーポンの魅力は、朝食が無料になるという点だった。長男は、

このメリットを最大限に活用してくれた。

　学生食堂が閉鎖したり縮小したりしているのは、コロナの影響だけではない。長女の大学の学生食堂も見学したが、広いスペースで座席の争奪戦など起こりそうもない雰囲気である。ずいぶんとゆったりしている。都会のせいもあるが、安くはない。ここで毎日食べるのは、経済的にきついようにも思う。世の中には、学食に対抗できるものが溢れている。

　学生時代をミールクーポンで生き抜いた長男は、都会のオフィス街のランチには、ほとんど行かない。金額的にやりくりができない。そこで、大型連休中に帰省したついでに弁当箱を買い、都会へと戻っていった。自分でお弁当を詰める気である。中学時代に、自分でお弁当を詰めていた実績のある彼ならばできるだろう。

　知らない間に、学生にとっての学食の位置づけがだいぶ変わったようである。少し寂しい気もする。私にとっては、学食といったらチキンカレーなのだが。

校長室だよりNo.573「学生食堂」（2022.6.22）

◇カニピラフ

　中学2年生の12月に、ソフトテニス（軟式テニス）部顧問の先生に連れられて、郡山に全日本レベルの大会を見に行った。その帰りに、レストランに入り、生まれて初めて「カニピラフ」なるものを食べた。緊張しながらも、「世の中に、

こんなおいしいものがあるのか」と思ったことを覚えている。
　顧問の先生の車の車種も色も覚えている。カニピラフを食べたお店の雰囲気も覚えている。初めて全日本レベルのプレーを見て驚いたことも覚えている。ボールがアウトしていても、肉眼ではわからないほどだった。ボールがラインにぎりぎり接しているかどうかのレベルだった。
　この日は、一流選手のプレーに感動し、カニピラフに満足することができた特別な一日となった。中学生の私には、カニピラフがご馳走ランキング第1位となった。
　このエピソードは、以前もこの校長室だよりで紹介した。問題は、何度もそのカニピラフのレストランの前を通りながらも、40年以上もの間、一度も訪れていなかったことである。いつも前を通るたびに気にはなっていた。「まだある」。お店が存在していることに安心していた自分がいる。
　先日、遂にカニピラフのレストランに入った。きっかけは何気ないことだった。週末、郡山に行くことになった。ランチをどうするかという話になった。今までも、このパターンはあった。今回は、ぜひ行きたいというお店のリストが、ちょうど空の状態だった。そこで、妻に「行きたい店があるんだけど」と切り出した。そして、行くことになった。
　店に着いた。すでに数台の車が停まっていた。店に入る。店の様子は昔のイメージのままだった。変わっていない。重厚な佇まいの洋食屋さんである。ちょっと期待しながらメニューを見る。
　なかった。カニピラフはなかった。エビピラフもない。ピ

ラフ自体がない。残念ではあったが、何かすがすがしさを感じていた。きっと、カニピラフを食べたとして、イメージと違っていたら、がっかりする自分がいる。メニューにないのであれば、あきらめがつく。

　妻が余計なことを言った。
「カニピラフをつくってもらえるか聞いてみたら」
　さすがに躊躇した。

　お店は、若い男性がホール係として、テキパキとそつなく動いていた。だんだんと混んできて満席となった。すると、年配の女性が料理を運んできた。しばらくして、今度は年配の男性が料理を運んできた。きっと、この老夫婦が始めたお店なのだろう。たぶん、カニピラフをつくってくれたのは、あの男性ではないか。勝手に想像していた。それで満足だった。

　あのカニピラフには出合えなかった。行くのが遅すぎた。今でもカニピラフというと、私の中では特別感がある。カニピラフとの出合いがそうさせている。今回の訪問で一つの区切りをつけることはできた。結局、顧問の先生にご馳走していただいたカニピラフが一番なのである。

　カニピラフはメニューから消えても、お店が健在なのが一番である。これからも、お店の前を通ることを楽しみにしたい。

　　　　　校長室だよりNo.639「カニピラフ」（2022.10.18）
　　　　　No.670「その後のカニピラフ」（2022.12.14）

◇自転車隊による遠征

　小学校の頃の話である。もう何年生だったかは忘れてしまったが、自転車に乗れるようになった。この達成感は大きい。数人の友達と自転車で出かけるようになった。こちらは、まだ慣れていないので、転ぶこともある。痛いのだが、そんなことは言ってはいられない。おいていかれてしまう。必死である。そうやって、自転車の運転技術を磨いていった。

　学年が上がり、行動範囲が広がっていく。学校の決まりでは、自転車で学区の外には行かないこととなっていた。そう言われると、行きたくなる。そもそも私の家が学区の端にあり、学区外に出ないことのほうがむずかしかった。

　子どもは集団になると、あまりいいことは考えない。多くの場合、わるい方に思考が働く。例によって、数人で自転車に乗っていた。学区の境界線まで来た。「どうする？」「行くか」となる。ついに掟を破り、自転車隊は野に放たれた。子どもにとっては、大冒険である。まるで、敵地を偵察しているかのようである。

　すると、小学生の一団と出会う。向こうは「何だか見慣れない連中だな」という顔で、こちらを見ている。こちらはこちらで「何か話でもあるんですか」と身構える。最初から敵対するから不思議である。縄張り意識なのだろうか。子どもに限らず、人には、このような習性があるように思う。

　ついに、誰かが話しかける。意外と話が弾む。いつの間に

か、仲良くなっている。帰るときには、「また会おう」となる。これが子どもである。お誘いを受けたので、また学区の外に遠征である。隣の小学校の子どもたちと、一緒に自転車で行動することになり、自転車隊はパワーアップすることになる。

　あるとき、調子に乗って、隣の学区を通り越して、さらに先へと自転車隊は進んでいった。もはや、小旅行である。意気揚々と目的地に着いた。大きな自信を得た気分だった。帰りは、スピードアップである。帰りが遅くなると、家の人に何か言われる。

「どこに行っていたの？」

　この質問が困る。本当のことを言うわけにはいかない。

　今、思えば、実に狭いエリアの話である。今の時代では、経験できないことだろう。あの頃の小学生だからこその話である。中学生になってしまえば、同じような行動をとっても、感じ方がまるで違ってくる。

　自転車隊による遠征で、多くのことを学んだ。世界が広くなり、自信がついていった。果たして、正しい方法だったかはわからない。あの頃は、自転車で転ぶと膝を擦りむいていた。名誉の負傷である。赤チンキが懐かしい。

　　　　　　　　校長室だよりNo.797「遠征」（2023.7.20）

◇国語科の先生なのに

　本当は社会科の先生になりたかった。社会科が好きである。地理も歴史も公民もである。一番と言われれば歴史だろうか。中学時代の恩師の影響もある。

　ところが、国語科の教員になってしまった。今でも社会科好きは変わらない。いろいろな教科の授業を見る機会がある。社会科の授業のときは、自分でもちょっと違うことを自覚している。ついつい発言したくなる。つまらない授業であった場合は、他教科以上に厳しい目になってしまう。

　しかし、自分ではわかっている。今、急に社会科の授業をやってくださいと言われても、とてもとても思うようにはできない。それほど甘いものではない。教材研究がなければ、できるものではない。でも、やってみたい。

　国語科の先生なのに、社会科好きが発揮されるときがある。古典の時間である。それも『平家物語』の学習である。源平の合戦、源義経の活躍などについて、資料を使いながら語る。それも生き生きと解説する。生徒はどう思っているかわからない。ほとんど自己満足の世界である。

　今になって思うと、国語科の先生でよかった。他の人生を経験したことがないのでわからないが、一番やりたかったことができるのはもちろんいいことである。だが、一番やりたかったことはできずに、第2希望で生きていくのもわるくはないのではなかろうか。一番やりたかったことへの思いを抱きながら生きていく。2番目だからこそ努力をする。さほど

好きでもないし、第2希望で申し訳ないのでがんばる。それが、かえっていい。少なくとも、私の場合はそうである。

　社会科に比べると、国語科は教えるべきことがわかりにくい。資質・能力ベースの話になると、余計にむずかしくなる。国語科の授業は、その授業者によってだいぶ変わってくる。それだけにこわい。やり方次第では、授業をやってもやらなくてもさほど変わらないケースも出てくる。

　日本人であれば、国語科の授業を受けなくても、日本語を読み、聞き、話している。学校で国語科の授業を受けた場合と、受けない場合とでは、何が違うのか。そう考えると、音読や作文、漢字などがいかに重要なのかがわかる。問題は、文章の読解、すなわち読み取りである。文章の意味がわかり、そこからどんなことを考えることができるか。その技能や能力を身につけさせたい。

　ところが、この読解の授業がむずかしい。読解こそが、国語科の先生の腕の見せ所である。ここでは、教材研究の深さがものを言う。文章を読み解くことはできても、それを教えるとなると、話は別である。これは、他教科にも言えることであろう。

　社会科の先生になりたかったと今でも思っているわけではない。かといって、国語科の先生でよかったと心底思っているわけでもない。きっと、教科に対する強いこだわりや思いはないのだろう。漠然と学校の先生になりたかったのかもしれない。教員免許を取得する関係で国語科を選んだというだけである。それが、自分の人生にここまで大きな影響を及ぼ

すとは想像できなかった。人生とはわからないものである。その一方で、おもしろいものでもある。

校長室だよりNo.891「国語科の先生」(2023.11.5)

◇父親の気持ち

　この頃、昔のことがふと蘇る。その頻度が、今までよりも格段に増えている。それがいいことなのか、よくないことなのかはわからない。

　父親のことを考えることがある。６年前に亡くなった。最期の言葉は聞けなかった。思春期を迎え、反抗期と言えばそうなのだが、父親とは滅多に話さなくなった。高校生の頃は、間に入る母親は大変だったろうと思う。その状態は、結婚するまで続いた。妻のおかげで、少しは雪解けを迎えることができた。妻の存在は大きい。

　自分も父親となり、だんだんと年を重ねてくると、あのときの父親の気持ちがわかるようになってきた。だからといって、同じようには行動しない。父親と接する若者の気持ちもわかる。幸いにも、我が家の長男は、私とはタイプが違うようである。

　まだ子どもだった頃は、父親と二人で行動することがあった。我が家には、家から離れた場所に田んぼがあった。よく軽トラに乗せられて、そこまで行った。

　いつだったか、父親が何を思ったのか、随分と狭い道を軽

トラで進んでいった。その道は、片側が崖のようになっていた。おそるおそる前に進んだ。子ども心に大丈夫なのかと心配になった。案の定、軽トラは崖を転げ落ちた。何回転しただろうか。なぜだか、けがはしなかった。子どもは小さいし、柔らかいからだろう。そこまでのリスクを冒して狭い崖路を進む必要があったのか。あのときは、聞けなかった。

　稲刈りが終わると、我が家の田んぼでは、私のゲイラカイトが空高く舞った。キャッチボールもよくやった。なぜだかわからないが、我が家の田んぼが、我が家の目の前に引っ越してきた。その田んぼは、冬になると、私のミニスキーのゲレンデとなった。そりも滑らせた。

　自分も世の中に出て、社会で生きていくようになり、父親のやっていることのすばらしさがわかってきた。真似できることではない。自分にはできない。息子である私には、何も語らずとも、伝わっていることがある。きっと、直接言いたいことはあったのだろう。こちらが、聞く耳を持たなかっただけである。

　父親は、亡くなる前に数週間ほど入院した。母親の話によると、家ではだいぶ弱っていたとのことだった。知らなかった。不肖の息子である。母は、今も健在である。それが、ありがたい。相変わらず記憶力がよく、どこどこの何々さんがどうした、こうしたということをよく覚えている。この前、自宅の電話番号が出てこなくなり、愕然とした息子とは大違いである。

　いつもは心配性で、慎重なはずなのに、狭い崖路にチャレ

ンジするように進んだ父親だが、私も、車に乗ると、やめればいいのに、ついついチャレンジしてしまうことがある。父親と似ていると認めざるを得ない。やはり、親子である。

　我が家では、子どもと同居していないため、普段は父親として行動することは少ない。だが、郵便物を送るときなど、宛名を書くときに、勝手に父親を意識している。きっと、子どもたちには、そのことは伝わらない。それでいい。いかんせん、達筆でないところは修正しようがない。

　　　　　校長室だよりNo.906「父親」（2023.11.22）

◇スキーとの不思議な縁

　小学校では、スキー教室があった。小学４年生になると、奥羽本線に乗り、大沢スキー場というところに出かけた。リフトがなかった。レストハウスとは言えない小屋のようなものがあるだけだった。

　リフトがないということは、斜面を滑った後に、地道に上がっていかなければならない。それでも十分楽しかった。これが、小学５年生、６年生と続いた。

　電車に乗って出かけるだけでうれしかった。あの頃は、リフトがなくても楽しかった。大沢駅の巨大なつららが今でも印象に残っている。きっと、まだ子どもで小さかったので、大きく見えたのかもしれない。

　一冬に一回だったと思うが、午前中いっぱいを使って、小

学校の近くの山に行き、スキーの授業があった。スキー場ではない。牧草地のような山である。近くといっても、実際にはそれほど近い距離ではない。その道のりを小学生がスキーを担いで、重いスキー靴を持って歩いていくのである。かなりの体力と根性が必要となる。今では考えられない。当時の先生も大変だったことだろう。

　小学校時代のおかげで、スキーはできるようになった。中学時代には、友達と何度か奥羽本線に乗って栗子国際スキー場に行った。ここで、リフトのすばらしさを知った。大沢スキー場とは大違いだった。

　高校ではスキーとは縁がなかった。大学に入り、時代の波もあり、またスキーを始めた。そこからは、毎年、冬になるとスキーに行くのが当たり前になった。いろいろなスキー場に行った。福島県だけでなく、山形県、宮城県、岩手県、栃木県と遠征した。いつの間にか、年末は、岩手県の安比高原スキー場に行くのが恒例となった。

　そのうち、スキーブームの終焉に合わせたかのように自然とやらなくなっていった。ところが、イタリアのローマ日本人学校では、スキー教室があった。ローマのスポーツ店で、スキーにブーツと一式を買いそろえた。

　帰国すると、子どもがまだ小さく自然とスキー場に行くようになった。そり遊びから始めてスキーに移行した。ここから、家族でのスキーが始まった。年末の安比高原スキーツアーも復活した。長男には、スキーが合ったらしく、大学に入っても続け、5月になると山形県の月山まで行くほどになっ

た。

　数年前だが、妻と箕輪スキー場に行った。滑り終え、駐車場でブーツを脱ごうとしていたところ、妻のブーツからバキッという異常音がした。割れた。「これは、もうスキーはやめなさいということか」と半ば笑っていた。

　自分もブーツを脱ごうとした。すると、異変に気づいた。すでに割れていた。イタリアで購入したものである。今までよくがんばってくれました。お疲れ様でした。

　めでたくというか、悲しくというか、同じ日に、二人そろってスキーブーツが割れたのである。偶然ではないだろう。

　海外に行ってもスキー教室があり、教頭で行った南会津の中学校にも、当たり前のようにスキー教室があり、校長で行った奥会津の小学校でも、もちろんスキー教室があった。娘が大学に進み、スキーからスノーボードに切り換えるときにもスキーで付き合った。スキーを卒業しようとすると、いつもそうはさせてもらえなかった。ところが、あっけなくホームゲレンデである箕輪スキー場で卒業となった。

　それ以来、スキーはしていない。だが、箕輪スキー場の脇を通ると、ブーツだけレンタルし、また滑りたくなる自分がいる。

　どうせなら、久しぶりにまた安比まで行こうか。常宿としていたペンションのオーナー夫妻は、お元気だろうか。福島県出身の方である。またスキーシーズンがやってくる。

　　　　　　校長室だよりNo.927「ブーツ」（2023.12.18）

◇本当の教育にふれた奥会津

　奥会津、金山町の横田小学校に２年間勤務した。教員になり、最初に赴任したのが小学校だった。それ以来の小学校勤務となった。何となく感覚は残っていた。だが、立場が違った。

　校長として赴任した初日は、挨拶に来てくださった地元の高校の校長先生から、名刺をいただけなかった。名刺は、私の隣にいた教頭先生に渡された。私は、どうやら教頭先生と思われたようだった。

　毎朝、国道沿いの歩道を歩いて、徒歩通学の子どもたちを迎えに行った。子どもたちは、校長先生と歩いて登校する。これが、第一陣である。学校まで送り届けると、今度は反対方面の歩道をまた歩いて、子どもたちを迎えに行く。これが第二陣である。けっこうな距離を歩いた。

　この学校では、用務員さん兼校長先生というポジションだった。広く立派な校庭があった。残念ながら草が生える。そこで、ナンバープレートを外した車に乗り、校庭の整備作業を始める。その役目を担うのは校長である。地域の方も参加する５月の運動会の前などは、入念に整備をした。夏になると、草の勢いが増す。こちらも負けじと、車を走らせる。だんだんと楽しくなってくる。調子に乗って、校庭に図案を描く。校舎の３階から、その出来栄えを満足気に見る。

　校長といえども、行事のたびに役割があった。最初から、

頭数に入れられている。何をやればいいのか、ちゃんとレクチャーされる。

　こんなこともあった。冬になり雪が積もるようになった。プールにある建物の屋根の雪下ろしが職員総出の恒例行事だった。校舎からプールまでは距離がある。さすがに、冬の間は車を走らせないので、かなりの積雪である。どうやって、プールまで行くのかと思ったら、校長が先頭を切って進むのだという。納得はいかなかったが、雪に埋まりながらズボズボと進むしかなかった。

　また、あるときは、町の公式キャラクターである「かぽまる」の中に入ったこともある。予想以上に暑かった。冷却用のファンも付いていた。何かと、人使いがあらい学校だった。

　冬は、校舎や校庭だけではない。自分が住む教員住宅も心配である。「雪がここまで積もったら、必ず除雪をしてください。そうしないと、室内にガスが充満します。除雪は、必ず二人で行ってください。一人だと、万が一のときに、誰も助けに来てくれません」。これが、大切な引き継ぎだった。奥会津では、雪が一気に積もる。教員住宅の除雪作業、雪かたし、いや雪掘りは、かなりの重労働である。しかし、やらなければ生活していけない。車を出せない。車が雪に埋もれてしまう。

　久しぶりに、横田小学校のホームページを見てみた。写真がたくさんあった。あの頃と、何も変わらなかった。子どもは少ないが、充実した教育内容である。子どもは、地域の宝として大切に育てられている。そのことがよくわかった。

奥会津の小さな小さな小学校である。そこには、本当の教育があったように思う。わずか2年間だが、教育の原点のようなものに触れることができた。
　思い出の横田小学校も、あと1年、令和6年度末でなくなってしまう。閉校である。これで、私が勤務した学校が3つ閉校となる。時代の趨勢(すうせい)とはいえ、学校がなくなるのは、地域にとって大きい。学校がなくなっても、子どもたちの中に、卒業生の中に、地域に、そして私の中に、横田小学校はいつまでも残る。決して消えることはない。横田小学校は、そういう学校である。

校長室だよりNo.991「横田」(2024.3.12)

番外編　園長通信より

　2024年（令和6年）4月から幼稚園の園長となり、「園長通信～こころ～」を執筆し、ホームページにアップしている。その中から8編を選んで、「番外編」として掲載した。

◇ローマ日本人幼稚園

　我が家と幼稚園との出合いは、異国の地だった。イタリアの首都ローマにあるローマ日本人幼稚園だった。在外教育施設派遣教員として、3年間、ローマ日本人学校に勤務した。ローマ日本人幼稚園は、ローマ日本人学校と同じ施設の中にあった。日本人学校の職員室のすぐ隣の部屋が日本人幼稚園のスペースだった。

　息子が幼稚園に入園できたのは、ローマでの3年目、4歳になる年だった。それまでの2年間は、母親とずっと一緒だった。学校が終わり、スクールバスが出る時間に合わせて、妻が息子を連れてきた。他の子と一緒に校庭で遊ばせていた。それゆえ、息子は、一日でも早く幼稚園に行きたかったに違いない。住まいが、学校の近くだったことが幸いした。

　3年目となり、念願の幼稚園通いが始まった。彼は、張り切っていた。当時の写真を見ると、常に真ん中で写っている。毎日、楽しくて仕方がなかったのだろう。彼の声が、職員室

まで聞こえてきていた。こちらとしては、気が気ではない。迷惑をかけていないだろうか。騒ぎすぎていないだろうか。職員室を出て、教室に行くときには、幼稚園の前を通る。どうしても、ちらっと見てしまう。それが楽しみでもあった。

妻は、毎日、赤ちゃんを抱いて、息子を幼稚園に連れてきていた。3年目の4月に生まれた娘である。我が家にとっては、海外で暮らすだけでも、かけがえのない経験である。加えて、3年目は激動の1年となった。

ローマ日本人幼稚園には、日本人の子どももいれば、いわゆるハーフ（ダブル・ミックス）の子どももいる。言葉が通じないこともある。かえって、それがよかったように思う。息子に聞くと、4歳くらいの記憶はあるそうである。ということは、幼稚園でのことも覚えているのだろう。

この幼稚園の魅力の一つに、先生方の存在がある。園長は、現役のオペラ歌手だった。他にも、演劇俳優に画家などなど、多彩なタレント集団だった。専門のプロが、子どもたちに接しているのである。必ずや、よい影響があるはずである。それは、一言で言えば、感性なのではないか。そう思う。

彼は、日本に戻ってからは、福島の幼稚園に通った。ここでも、すばらしい経験ができた。だが、彼のベースには、ローマ日本人幼稚園での1年間、イタリアで暮らした3年間があるように思う。1歳半から4歳という大事な時期をローマで暮らし、イタリアにいたのである。何らかの影響があるように思う。3年もの間、母親と一緒にいることができたことも大きかった。

ローマ日本人幼稚園のウェブページを見てみた。「少子化やコロナ禍の影響による園児数の大幅な減少のため、幼稚園の運営を継続することが困難となりました。つきましては、2月末をもちまして、ローマ日本人幼稚園を休園することに決定いたしました」とあった。それでも、引き続き園児を募集し、再スタートを切るとのことだった。ぜひ、再び特色ある教育を展開し、世界に羽ばたく大切な園児を育ててほしい。
　　　　園長通信№8「日本人幼稚園」（2024.4.15）

◇日本通り

　この前の週末は、天気がよかった。暑くもなく寒くもなかった。加えて、風もなかった。絶好のお花見日和だった。妻が、お父さんとお母さんをお花見に連れていきたいという。私にとっては義父と義母である。願ってもないお天気である。これは、行くしかない。
　郡山市のお花見といえば、開成山公園である。今まで、公園内の一部しか見たことがなかった。お花見の時期に来たこともなかった。したがって、開成山の桜を見るのは初めてだった。公園自体が広く、綺麗で、桜もたくさんあった。お花見の条件がそろっていた。近くには、昔から有名なお団子屋さんもある。
　これが、福島市ならば、信夫山になるのだろうか。あるいは、大森城山あたりだろうか。花見山はちょっと違う。シー

トを敷いて、みんなでワイワイという感じではない。お花見に限らず、市民にとっての憩いの場というのは大切な存在である。

　イタリアに３年間いた。ローマに住んでいた。向こうでは、通りに必ず名前がついている。それがそのまま住所となる。私が住んでいたマンションの通りの名は、モンテビアンコだった。イタリア語で白い山、イタリアとフランスの国境にあるヨーロッパ最高峰のモンブランのことである。住所は、モンテビアンコ通り71番地といったぐあいになる。

　ローマに、「日本通り」というところがあった。日本から贈られた桜が並び、散歩道という風情だった。ローマに来て２年目の春だったか、この情報を教えていただき、実際に行ってみた。桜が綺麗に咲いていた。そこだけは、まるで日本のようだった。ローマでは、なかなか日本を味わうことはできない。自分が日本人であることを実感できる貴重な場となった。

　ここ数年だろうか。コロナがきっかけになったように思うが、福島の桜を味わうようになってきた。今までは、知らずにいた桜の名所を訪れるようになった。桜は、ソメイヨシノに限らない。しだれ桜も見事である。喜多方の日中線しだれ桜並木などは、それはそれは見事である。

　桜の木の下では、みんな幸せそうである。桜には、人を笑顔にする、人を幸せにする力がある。開成山公園では、義父も義母も笑顔だった。何枚も写真を撮った。老人ホームのパンフレットにしたいような写真もあった。

桜は、日本の象徴でもある。ようやく咲いたかと思ったら、わずか数日で見頃は終わってしまう。あの儚さがいいのだろう。日本人の季節感や感性に合致する花の一つである。他にも梅や桃もある。いずれにも味わいがある。だが、桜の位置づけは特別なもののように思う。来年もまた、開成山公園の桜をみんなで楽しみたい。そして、義父と義母の笑顔を写真に収めたい。

園長通信№12「日本通り」（2024.4.19）

◇自分探し

　我が家の長男は、イタリアから福島に戻り、私立の幼稚園に入った。そこでは、たくさんの友達ができた。友達の家によく遊びに行っていた。小学校と中学校は別々の学校になっても、高校でまた一緒になる友達もいた。

　その中に、我が家がよくお世話になっていた方がいる。先日、その方から連絡がきた。我が家の長男の同級生、いわば幼なじみである息子さんが、教育に関わる仕事をしており、我々の話を聞きたいという。ちょうど、大型連休中であり、帰省していた我が家の長男も連れて３人で出かけることとなった。

　若者同士は、約10年ぶりの再会となった。その息子さんは、現在、秋田県の東成瀬村というところにいる。村おこしに関わるような仕事をしている。この村のことは、私も妻も知っ

ていた。教育関係者にとっては知られた村である。なぜなら、学力が高いことで有名な秋田県の中でも、とりわけ学力が高い村だからである。

その息子さんは、この村に人を呼び込むプロジェクトに関わっている。村の人口は、2500人ほどである。出生数は2人である。移住してもらうというのが、一つの方策となる。そうなると、学校も大きな要素となる。教育の問題である。村には、小学校が一つ、中学校が一つある。これを生かすことはできないかとなる。

まずは、2泊3日で体験宿泊のようなことをやりたいという。学校も見てもらう。そこで、どんな人たちをターゲットにするかという問題が出てくる。そのことを相談された。私と妻とで、知っている限りの考えられる範囲で意見を述べさせていただいた。全国には、それぞれの特色を打ち出した学校がいくつもできている。そのような情報もお伝えした。私が勤務した奥会津の学校や教育環境のことも話した。

その息子さんは、生き生きと話し、輝いていた。東成瀬村に来るまでには、いくつかの仕事を経験してきている。まるで、"自分探し"の旅をしているかのようである。今の仕事にやりがいを見出し、充実した生活を送っている。まぶしい若者である。

我が家の長男も、うれしそうである。きっと、自分とは違う人生だが、大いに参考になったことだろう。やはり、自分とは違う世界を知り、人の話を聞くことは、大切なことである。特に、学校という狭い社会で生きている教員には必要な

ことだと思われる。

　楽しかった幼稚園時代の友人関係が、このような形で続くのは、親としてもうれしい。久しぶりに、長い時間にわたり、たくさんしゃべった。充実した時間だった。私もまだまだ自分探しの途上にあると思いたい。

　　　　　　園長通信No.24「自分探し」（2024.5.10）

◇積み木

　自分の幼稚園時代のことを思い起こした。通ったのは、保育園だった。路線バスに乗って自分で通っていた。その保育園は、お寺の敷地にあった。そんなに記憶があるわけではないが、断片的に覚えていることがある。

　週に一度だったか、お寺の中に入り、手を合わせた。そのことに、どんな意味があったのかは覚えていない。お昼寝の時間もあった。学芸会のようなものがあり、劇をやった。保育園の園長先生は女性だった。園長先生の旦那さんは、小学校の先生だった。自分が小学４年生になると、その旦那さんが担任の先生になった。きれいな見事な字を書く先生だった。黒板の文字は、芸術品かと思うほどだった。だが、残念ながら、その影響を受けることはなかった。

　保育園の思い出と言えば、何と言っても、「積み木」のことになる。保育園には、みんなで遊ぶための積み木があった。いつも取り合いだった。その日は、取り合い合戦に出遅れた。

その結果、どうにも遊びようがないパーツを一つ手にしただけだった。そんなに泣く子どもではなかったが、さすがに泣きべそをかいた。

　こんなことは珍しいことではない。こうやって鍛えられたという側面もある。話はこれで終わらない。ちょうどその日は、卒園アルバムの撮影日だった。よりによって、積み木の取り合い合戦が終了し、みんなが席についたタイミングで、シャッターが切られた。これまた、よりによって、泣きべそをかき、涙を手でぬぐう自分が、一枚の写真の中心にいるではないか。

　半世紀前には、こんなことが行われていたのである。卒園アルバムは、ずっと残る。遊びようがない積み木を手にし、悲しみに暮れる一人の園児を、容赦なくアルバムに載せる。そんな時代なのである。配慮のかけらもない。

　それでも、やっていけた。我慢強さやへこたれなさ、辛抱強さがあった。あったというよりは、それらが自然と身につくようになっていた。そんなに一人一人の園児のことを考えていたとは思えない。たぶん、保護者のほうが、保育園に行かせていただいているというスタンスだったのだろう。

　隔世の感がある。一人一人の園児を大事にし、様々な配慮をするようになった。世の中全体がそうである。今のほうが正しいのだろう。だが、人として強くはならない。だからといって、昔に戻るべきかというと、そんなことはない。私のような子どもを出すべきではない。

　通常、アルバムというのは、懐かしく楽しく見るものだろ

う。妻と結婚し、いつだったか、実家で大切に保存されていた私の小さい頃の写真を見る機会があった。卒園アルバムが出てきた。泣きべそ園児が自分であることを妻に話した。ことの詳細を説明した。それ以来、あの卒園アルバムは開かれてはいない。

園長通信№42「積み木」（2024.6.5）

◇シチリア事件

今思うと、なぜあのときシチリアに行ったのか。あれは、イタリアで暮らすようになって1年目の冬だった。イタリア国内の旅行先としてシチリアを選んだ。シチリアと言えば、治安が決していいとは言えないのにもかかわらずである。この島は、歴史上の経緯から、様々な文化が交錯し、独特かつ魅力的な場所となっている。ローマからは距離があるため、まとまった日程が取れないと、なかなか行くことができない観光地である。

飛行機で行き、レンタカーを借りた。予算を考え、下のクラスの小型車にしたのが、後の悲劇の元となった。途中までは、順調だった。日程の半ば頃だっただろうか。夕食をとるために、ホテルの廊下を歩いていた。2歳半の息子は、いつものように楽しそうに歩いていた。利き手である左手には、巾着袋のようなものを持っていた。

その息子が、急にこてっと倒れた。どうやら、巾着袋を自

分で踏んづけたらしかった。泣き出した。ここまでは、よくあることだった。しかし、泣き方が尋常ではなかった。いつまでも泣き止まない。妻がすぐに反応した。病院に行った方がよいという判断になった。

　イタリアに来てまだ1年も経っていない。イタリア語がおぼつかない。とにかくホテルのフロントで救急病院を聞き、車で向かった。あの頃は、ナビもなかった。人間、追い込まれると、何とかするものである。そのことを、あのとき、シチリアで学んだ。

　どうにかこうにか病院にたどり着いた。症状を説明した。「左です」と説明したのだが、右の方をレントゲンで撮ろうとした。ここらへんが、イタリアである。撮影した画像を見ると、左の鎖骨がきれいに折れていた。治療と言っても、左腕を包帯で固定するくらいだった。

　ここまで、活躍していたのは妻だった。この当時も、その後も、私よりも妻のイタリア語力の方が上だった。私は、学校に行くと日本語である。妻はというと、息子を連れて、イタリア人社会の中で生きていた。

　息子の左腕が固定されたまま、旅は続行となった。ようやく最終日となった。飛行機の時間まで余裕があった。車をとめて街を散策することにした。これで、やっとローマに帰ることができる。ちょっとホッとしてしまったのかもしれない。油断があった。

　散策を終え、車に戻ると、トランクが開いていた。やられた。大きなスーツケースが消えていた。再びピンチ到来であ

る。いろいろなことが頭を駆け巡った。中には金目の物はない。きっとそのへんに捨てられているに違いない。必死で探した。だが、期待は裏切られた。たくましい妻が、聞き込みを始めた。どうやら、バイクに乗った若い二人組が持って行ったとのことだった。やれることはすべてやった。最善策は、とりあえずローマに帰ることだった。

　幸いにも、パスポートは身につけていた。だが、肝心の飛行機のチケットがない。スーツケースの中だった。困った。ここでも、妻の火事場のイタリア語力が発揮された。空港の航空会社のカウンターで事の次第を説明した。どうにかこうにか出発数分前の飛行機に滑り込んだ。もちろん、息子の左腕には、もはや固定の役目を果たしていない包帯があった。

　ローマの空港に着いた。荷物もなく、息子は骨折中だった。それでも、帰ることができたことに安堵した。以上が、我が家のシチリア事件である。我が家最大のピンチであった。今思うと、懐かしい。いろいろなことがありすぎたシチリアだった。それでも、シチリアは好きである。あの１月のシチリアの太陽は眩しかった。

　　　　　園長通信№51「シチリア事件」（2024.6.18）

◇伸びる人

　プロ野球、ソフトバンクホークスの小久保裕紀監督の話である。小久保監督は、福岡ダイエーホークスに入団したての

24歳のとき、試合前のランニングで一緒になった22歳のイチロー選手が放った言葉が、野球人生を支える一つのテーマをくれたという。

それは、1996年のオールスターゲームのことだった。小久保選手は、1994年に青山学院大学から福岡ダイエーホークスに入団した。2年目で本塁打王を獲得したものの「俺はパ・リーグで一番だ」と天狗になってしまい、翌シーズンは開幕から全く打てず、焦りは募るばかりだった。

一方、イチロー選手は高卒でオリックス・ブルーウェーブに入団し、3年目の1994年に初めて最多安打と首位打者に輝くと、翌シーズンはその2つのタイトルに加えて打点王を獲得した。1996年も3年連続の首位打者へと邁進中だった。

そういう状況で迎えたオールスターの試合前、小久保選手は、イチロー選手と2人で外野をランニングしながら、「モチベーションって下がらないの？」と尋ねた。
「小久保さんは数字を残すためだけに野球をやっているんですか？」
「まあ残さないとレギュラーを奪われるし……」
すると、イチロー選手は小久保選手の目を見つめながらこう言った。
「僕は心の中に磨き上げたい"石"がある。それを野球を通じて輝かせたい」

小久保選手にとって衝撃だった。それまでは成績を残す、得点を稼ぐ、有名になることばかりを考えていたのだが、この日を境に、野球の練習をしているだけではダメ、自分をも

っと高めなければいけないと思い至る。

　心がけたのは、一人の時間の使い方である。空いている時間は読書をすると決め、毎日実践した。野球を通して人間力を鍛えるというスイッチが入ったのは、イチロー選手の言葉があったからこそである。後年、「あのときの言葉のおかげで俺の野球人生がある」と感謝の言葉を何度伝えたかわからない。

　たとえイチロー選手の言葉と出合ったとしても、誰もが小久保選手のようになるわけではないだろう。一流選手同士だからこそ、通じ合うものがあったのだと思う。一流になればなるほど、人間性、人間力を鍛えることになる。その一つの方法が読書である。

　子どもたちの前に立つ学校の教員は、プロスポーツ選手に負けないくらいの人間力を身につける必要があるだろう。果たして、それだけの読書量を確保しているだろうか。小久保監督は、こうも言っている。

「若いときの苦労は買ってでもしなさいとよく言われるが、若いときしかクリアできないチャレンジというものがある。そこから遠ざかったり逃げたりすると、必ず後々ツケが回ってくる」

　伸びる人とは、どういった人だろうか。特に、20代をはじめ若い方々には、自分の人生をどう生きるかということを考え抜いてもらい、人間性を磨き、人間力をつけ、どんどん伸びていってほしい。私も、まだまだ伸びるつもりでいる。

園長通信№60「伸びる人」（2024.7.1）

◇蓑を着る

　もう忘れてしまったが、何年か前にある俳句と出合った。この前、その俳句と再会した。

浜までは海女も蓑着る時雨かな

　初めてこの句と向き合ったとき、妙に心に響くものがあった。そのため、ずっと頭に残っていた。再びこの句を目にする機会に恵まれた。今度は、じっくりと意味を考えたくなった。
　この句は、江戸中期の俳人である滝瓢水（たきひょうすい）のものである。船問屋の息子として生まれた瓢水は、若くして俳諧の才を発揮し、後に人口に膾炙するほどの秀句をいくつも残した。
　あるとき、一人の僧が瓢水の評判を耳にして訪ねたことがあった。僧は瓢水に会うと、その見識について問おうとしたのだが、あいにく瓢水は風邪を引いており、「今からちょっと風邪の薬を買ってくるから、ちょっと待っててもらえないか」と言われてしまう。これを聞いた旅の僧は、「風邪くらいでいちいち薬を求めるなど、何を弱気なことを言っているんだ。人の生き方を説く素晴らしい見識の持ち主だと聞いて来たのに、とんだ嘘であった。そんなに命が惜しいのか、情けない」と腹を立てて瓢水の帰りを待つことなく去ってしま

った。

　瓢水が風邪薬を買って帰ってくると、僧がいない。傍らにいた人が事の一部始終を教えてくれた。なるほど、怒って帰ってしまったのか。それならと、瓢水は一句を紙にしたためて、「申し訳ないのだが、先ほどの僧にこの句を渡してあげてほしい。まだ追いかければ間に合うかもしれないから」と頭を下げた。頼まれた人は、急いで僧の後を追った。何とか追いつき、瓢水の句が書かれた紙を渡した。僧が受け取った紙を見ると、そこには一句書かれてあった。それが、上記の句である。この一句で、旅の僧は瓢水の評判が本物であることを知ることとなる。

　海女さんは海に潜るのが仕事なのだから、水に濡れることになる。そんな海女さんでも、雨が降っている日であれば、浜までは蓑を着て体をいたわるものだという。どうせ濡れるのだからと、体を冷やすようなことはしない。自分の体をないがしろにせずに、大切に扱うのである。

　人間は、少しでも自分を愛おしみ、最後まで努力を重ねていかなければならないということだろうか。この句の「浜」を「死」と捉えると、一層味わいが深まる。死ぬときまでは、とにかく蓑を着る。決して、投げやりにならない。そうして最後の最後まで前向きに、少しでも美しく立派に生きる努力を重ねていく。そんなことを教えてくれる秀句である。

　　　　　　　園長通信№96「蓑を着る」（2024.8.28）

◇アイスコーヒー

　朝晩は、だいぶ凌ぎやすくなった。とはいえ、日中は気温が上がり、まだまだ暑い。それでも、あの暑かった時期に比べれば、季節は確実に秋へと向かっていることを実感することができる。こうなると、そろそろ珈琲もホットに戻すかという気になってくる。先日は、時間帯が夕方だったということもあるが、珈琲専門店で久しぶりにホット珈琲をオーダーしてみた。少し考えた末に、深煎りを頼んだ。やはり美味しい。

　毎朝のように立ち寄るコンビニがある。以前は、よく牛乳を買っていた。それが、いつの間にか、アイスコーヒーに変わっていた。いつものようにお店に入ると、珍しくイートインコーナーに人がいた。二人組のかわいらしいおばあちゃんだった。朝ごはんだろうか、二人で仲良く食べていた。目がいったのは、飲み物である。何とアイスコーヒーを飲んでいるではないか。新鮮だった。

　アイスコーヒーを飲んでいるということは、専用のボックスから氷が入った容器を取り出し、それをレジに出して会計をする。そして、コーヒーコーナーに行き、所定の場所にセットする。三段階の濃さから一つを選び、押す。ミルクとガムシロップはどうしたのだろうか。飲んでいるアイスコーヒーの色からしてミルクは入っていない。ガムシロップは入れたのだろうか。カロリーゼロにしたのだろうか。出来上がるのを待ち、ふたをする。ストローも取らなければならない。

この一連の動作を二人でやったというのか。初めてでは、なかなかむずかしいはずである。きっと何度か経験しているはずである。

　お二人の出で立ちから推測するに、散歩とは思えない。歩くことに対して、もう少し本格的なのである。帽子に、リュックに運動シューズである。そもそも、散歩ならば、コンビニで朝ごはんをとるだろうか。シューズは最近、新調したものに見える。結論として、朝早起きして二人で歩き出した。ちょうど私が入ったコンビニで朝食をとることにした。これからまた歩き出す。それも相当な距離のはずである。そんな雰囲気が感じられた。朝ごはんの食べっぷりも、ゆったりしていない。先を急ぐという感じだった。ちょっとした遠足だろうか。

　コンビニのアイスコーヒーが、ここまで浸透したのか。そんな思いを持つことができた。お二人は、これからどこまで行くのだろう。何だか応援したくなる。お二人のアイスコーヒーは、薄めだったのだろうか。この夏は、3段階の濃さをいろいろと試した。結局、濃いめに落ち着いた。ミルクは入れないが、ガムシロップは入れてしまう。それも、カロリーゼロである。本当は、入れたくはない。珈琲本来の味を味わいたい。この課題は、来年の夏に持ち越しである。アイスコーヒーを飲むのも、あと数日であろうか。一日一日、一杯ずつ味わいながら飲むことにしたい。

　　園長通信№105「アイスコーヒーその2」（2024.9.10）

あとがき

　毎日書こうと決めていたわけではない。いつの間にか、そうなっていた。校長を務めていた高校を去るときだった。最終号の数字に何か意味を持たせたいと考えた。この「校長室だより」のタイトルは、「燦燦」である。そうであれば と、333号で終わらせることにした。このとき、自分の中では、有終の美を飾ったつもりでいた。

　しかしである。中学校に赴任すると、あれよあれよという間に、書きたいことがたまっていった。家にいても、出かけていても、車を運転していても、文章が浮かんできてしまう。困った。もう限界だった。これは、書くしかない。何事もなかったかのように、334号から始めた。

　相変わらず、明確な目標もなく、日々書き続けた。その年の５月頃だっただろうか。初めて３月までの発行計画を立ててみた。３月で校長職を終えるからである。校長でなければ、「校長室だより」を出すことはできない。

　計算してみた。このままのペースでいくと、３月下旬には、実に中途半端な特別意味もない数字で終わってしまう。そこで、考えた。そして、決意した。覚悟を決めた。どうせならば、1000号で終わらせるか。そのためには、土曜日も、日曜日も出さなければならない。ペースが上がった。ハードルが高くなった。

本当に1000号にできるのか、不安がなかったわけではない。だが、さほどの苦労もなく到達できた。書くことが苦ではないのである。特に、好きなことを書き綴るエッセイはそうである。楽しいというわけではないが、書きながら考えることに意義を見出している自分がいる。

　3月末になった。目標の1000号になり、ふと「千里の道も一歩から」という言葉が浮かんだ。一歩一歩、日々の積み重ねによって、ここまでたどり着いた。なぜ、こんなことができたのか。それは、読んでくださる多くの読者の存在があったからだろう。「校長室だより～燦燦～」は、読者の皆様の後押しがあって、書籍として世に出ることとなった。感謝申し上げたい。

　エッセイを書く上で、いつも意識していたことがある。それが、"読後感"である。読んでくださった方が、読み終えた後に、どんなことを思ってくださるか。常に、相手意識は持っていたつもりである。文章には、読んでもらう相手が必要である。相手、すなわち読者の皆様には、直接お会いして感謝の言葉を伝えたい思いがある。皆様の生活が、そして人生が、"燦燦"と輝くものになることを願うばかりである。

2024年（令和6年）11月
　　　　深まりゆく秋の日に書斎にて　　　高澤正男

著者プロフィール

高澤 正男（たかさわ まさお）

1964年生まれ。福島県出身、在住。
福島県の公立小学校、中学校に教諭として20年間勤務する。この間、イタリアのローマ日本人学校に3年間勤務し、海外生活を送る。その後、公立小学校長、中学校長、高等学校長、幼稚園長を歴任する。
元福島県中学校教育研究会会長
元福島県国際理解教育研究会会長
全国大学国語教育学会会員
日本国語教育学会会員
日本言語技術教育学会会員
〈著書〉
単著 『表現者を育てる授業 ―中学校国語実践記録―』（風詠社、2023年）
共著 『中学校国語 指導スキル大全』（明治図書、2022年）

人生は、燦燦と 校長室だより100選

2025年1月15日 初版第1刷発行

著　者　高澤 正男
発行者　瓜谷 綱延
発行所　株式会社文芸社
　　　　〒160-0022 東京都新宿区新宿1-10-1
　　　　　　　　電話 03-5369-3060（代表）
　　　　　　　　　　 03-5369-2299（販売）

印刷所　株式会社エーヴィスシステムズ

Ⓒ TAKASAWA Masao 2025 Printed in Japan
乱丁本・落丁本はお手数ですが小社販売部宛にお送りください。
送料小社負担にてお取り替えいたします。
本書の一部、あるいは全部を無断で複写・複製・転載・放映、データ配信することは、法律で認められた場合を除き、著作権の侵害となります。
ISBN978-4-286-25604-7